U0897322

## 作者简介

王单单，原名王丹，生于1982年11月，云南镇雄人。系中国作家协会会员，中国诗歌学会理事，云南文化名家，云南省作协诗歌创作委员会副主任，鲁迅文学院第31届高研班学员，2016—2017年首都师范大学驻校诗人、云南大学滇池学院驻校作家、玉溪师范学院驻校诗人。曾获首届《人民文学》新人奖、《诗刊》年度青年诗人奖、华文青年诗人奖、扬子江青年诗人奖、云南文学艺术奖、艾青诗歌奖·青年诗人奖等。《钟山》《扬子江文学评论》“新世纪二十年青年诗人20家”，2020年中国作协“深入生活、扎根人民”主题实践先进个人。出版诗集《山冈诗稿》《春山空》《花鹿坪手记》、随笔集《借人间避雨》等。居昆明，供职于云南省文联。

# 大道开远

王单单 著

云南出版集团
云南人民出版社

图书在版编目（CIP）数据

大道开远 / 王单单著. -- 昆明 : 云南人民出版社,
2023.3
（解码红河）
ISBN 978-7-222-19274-4

Ⅰ. ①大… Ⅱ. ①王… Ⅲ. ①散文集－中国－当代
Ⅳ. ①I267

中国国家版本馆CIP数据核字(2023)第050144号

责任编辑：周　颖
装帧设计：云南非鸟文化传播有限公司
责任校对：任建红
责任印制：窦雪松

解码红河

大道开远

王单单　著

出　版　云南出版集团　云南人民出版社
发　行　云南人民出版社
社　址　昆明市环城西路609号
邮　编　650034
网　址　www.ynpph.com.cn
E-mail　ynrms@sina.com
开　本　720mm×1010mm　1/16
印　张　13.5
字　数　136千
版　次　2023年3月第1版第1次印刷
印　刷　昆明美林彩印包装有限公司
书　号　ISBN 978-7-222-19274-4
定　价　68.00元

如需购买图书、反馈意见，请与我社联系
总编室：0871-64109126　发行部：0871-64108507　审校部：0871-64164626　印制部：0871-64191534

云南人民出版社微信公众号

# “解码红河”编纂委员会

# 解码红河　方得始终

（总　序）

吉狄马加

北方，我书桌上，这14部来自云南高原的散文稿不时散发出墨香，经14位作家创作完成的关于红河大地的文化散文以一种清澈的透亮和温暖驱散了书房里的凉意——正是这些书稿中的文字，让我的视线越过了中国南北漫长的距离——我又看到红河，看到藤条江，看到千年的哈尼梯田，看到红河岸边盛开的木棉……

红河哈尼族彝族自治州，这块面积32931平方公里、总人口469.8万人的边陲上的绿洲曾经是我的梦想之地。滇南之心的蒙自，世界锡都个旧，小火车开过的开远，历史文化名城建水，花腰歌舞之乡石屏，福地弥勒，虎城泸西，清纯苗岭屏边，边境口岸河口，马帮侨乡红河，千年梯田元阳，“哈尼家园”绿春，边地风情金平，犹如散落在红河大地上的13颗明珠；有汉族、哈尼族、彝族等11个世居民族，民族文化绚丽多彩，他们创造了丰富的历史文化。是他们、是这块土地上的各族人民在年月的流淌中编织出了红河大地的五彩斑斓。

弥久历新的累积，将红河这片大地从形体到内核，从表象到精神垒加到了一个又一个的高度，最终赋予红河丰厚的内涵和人文精神，并让生活和走进这里的人们拥有了这样的信念：循着一代一代红河人创造的人文史，生活在这块土地上的人们便找到了来时的路，即便面对着斑驳的断墙残碑抑或是历史缝隙，红河这块大地也总散发出照亮人心的温暖之光。

“解码红河”文化系列丛书（13+1 卷）带着古风吹来。宏大历史的帷幕已经落下，在这个新时代的潮汐中，作家们再一次借助于历史中的光亮在红河大地的最深处进行了一次充满光亮的探索之旅，追寻并拷问那些久远历史，使其显形露相，让其复活，最终以文字之身重塑光明。因此，这套丛书让更多的人走进红河、认识红河，是对红河这块土地人文史的又一次传承，是这个新时代文化盛宴的聚会和守望。

“解码红河”文化系列丛书是经过精心策划、有创新、极具思想内涵和张力的文学作品。丛书以红河州 13 县（市）卷 +1 本综合卷为单位，分步骤、有计划、系统性地挖掘本土文化，讲述红河本土的故事。应该讲，这是一次文学的“解码”，对于一个地方，特别是对红河这一片热土，虽然有的作家与它有着现实和精神上的联系，但是当重新打量、重新进入它火热的怀抱时，毫无疑问，红河崭新的风貌又更为真实地呈现在了他们的眼前。作家们带着思考与追问演绎了红河的前世今生。这套文化丛书仿佛红河大地的“家谱”鲜活明亮，在时代气息中弥散着历史的幽远，在作家洋溢激情的文字中调节了读者的口味，是关于红河大地上的文化盛宴。

在我的记忆中，红河不仅是文学热土、文学家园，更是一座文学宝库——1938年，国立西南联合大学文法学院设立于蒙自，闻一多、朱自清等文学大师曾在蒙自讲学；20世纪50年代，从这里起步了一大批军旅作家，如冯牧、白桦、彭荆风等，他们用独具云南边地风味的文学及影视作品征服了广大读者和观众，在全国形成了“云南热”，吹起了“云南风”；20世纪80年代，以锡都个旧为中心，这里又吸引了一批文学大师名家，如丁玲、杨沫、茹志鹃等，他们齐聚红河，不仅让红河名扬全国，而且还形成了独特的个旧文艺现象；在新时代，红河本土的一大批作家、诗人，用他们的创作实力和优秀作品，在全省、全国形成了一定的影响，形成了美好的“红河记忆”。

今天，中共红河州委、州人民政府高度重视，州委宣传部及相关部门对这套文化系列丛书高度认知、统筹策划，汇集一批云南新锐作家，再写红河。作家们尊重历史，尊重民族，与社会各阶层人士建立了深厚的友谊，真正找到了创作的源头和活水，从而使这些作品高水准地书写了红河的过去、现在与未来，为广大读者奉献出了这14部令人欣喜的作品。

“解码红河”文化系列丛书对红河人文史进行了梳理，把人与历史文化生动、天然地联系，打通了现实与历史的连接，实现了文化和情感的交融。道德与知识合拍，劈出一条充满光亮的文学之路，引领我们走进美丽红河。丛书将史实、地貌、人文、民族等融为一体，在散文化叙事的同时，有美学的探究，有哲学的思考，读来饶有趣味。这是作家们智慧和激情的凝聚，每一部作品都有了独具个性的表达，创作情绪没有脱离创作现场，引领和启发读者的思绪和情感在历史和现实间穿越。作家们思想成熟，又具宽厚的人文胸怀，有丰厚的红河人文史资料的积累及解码能力。从这些文字中我们可以读到红河清新明丽的人文精神，在文字的引领下走进红河人文历史的这条悠长的隧道，然后驻足、流连、回味、思索。

一个地方文化的传承沿袭和丰厚文化的底蕴积淀，是该区域群众文化自觉、弘扬传承的结晶。尽管我们无力去改变历史上那些深邃而恒定、绚烂又多姿的远逝风景，但是当面对那些属于我们的这一方热土及世代生息于斯的人民及他们所创造的厚重历史和文化时，却依然感到了重拾时光、抒写时代的紧迫感和重要性。

时光犹如红河之水快速流逝，记录在历史长河中犹显弥足珍贵。文化既是人类活动的结晶，更是人类创造的成果。相信经过作家们苦苦求索而写就的文字会沉浸在一种光辉之中，这光辉由红河大地山岭上的雾霭、红河的水波、缤纷的梯田、神秘哀牢山中的民族歌舞、滇越铁路上火车的鸣叫，以及那些历史河流中粼光闪闪的夜色组成……所有这些，都是生活在这块土地上人类思绪和情感活动的氛围本身，而这些文字的明亮呈现，是对于这个伟大时代的回响，是这个时代中光明的部分。

当下的红河州正处于高质量跨越式发展阶段，全州各族人民正满怀豪情地眺望美好的未来。此时，出版一套这样的大型文化书系，正逢其时，恰到好处。相信每一位能读到这套丛书的读者，一个充满生机、日新月异的红河一定会给诸位留下深刻而又美好的印象，并像这些写作者一样与这片热土和这里生活的人们结下不解之缘。

是为序。

2023年3月

（作者系中国当代著名诗人、文化学者，中国少数民族作家学会名誉会长，中国作协原副主席、书记处原书记）

# 目录

CONTENTS

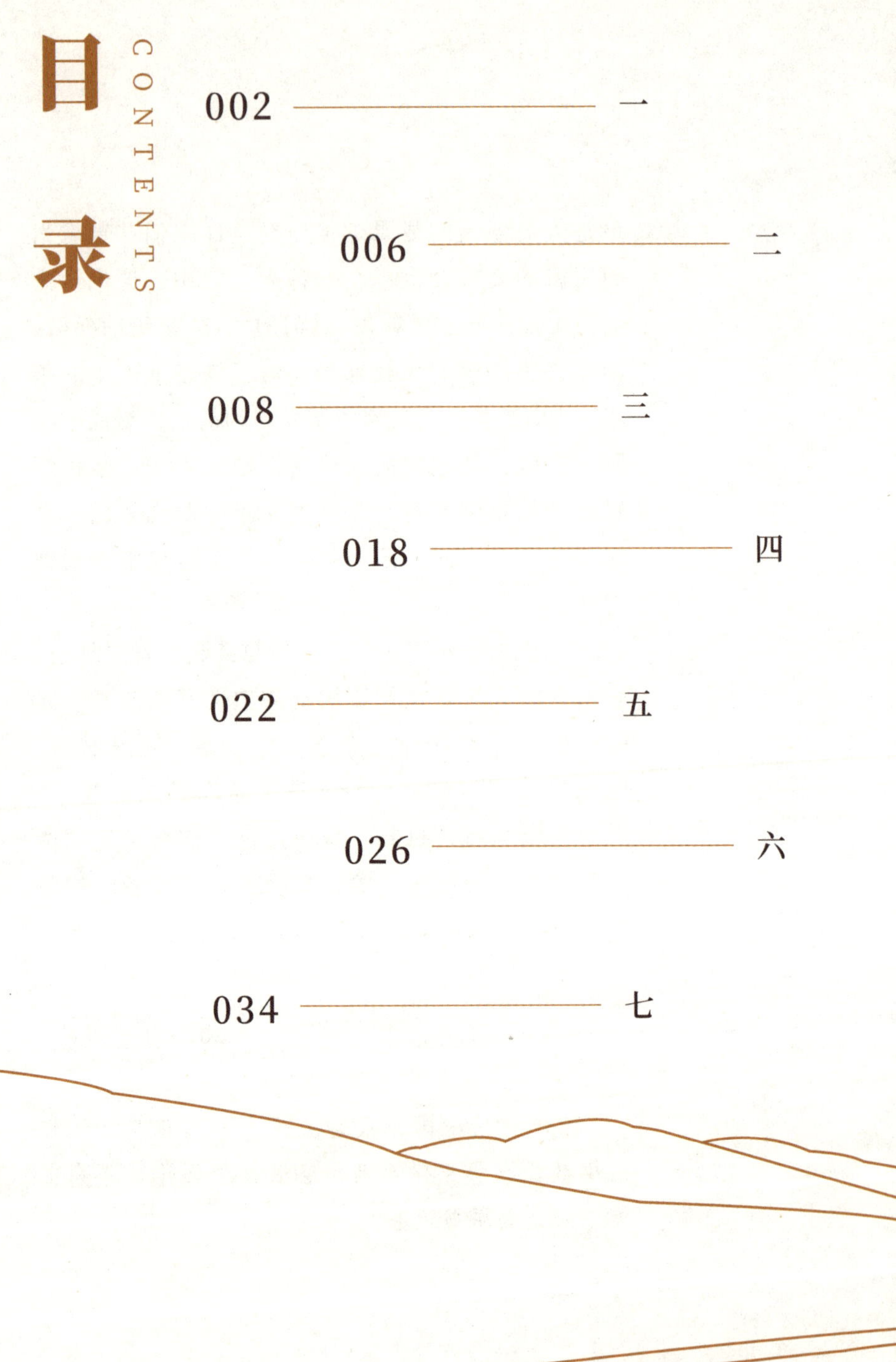

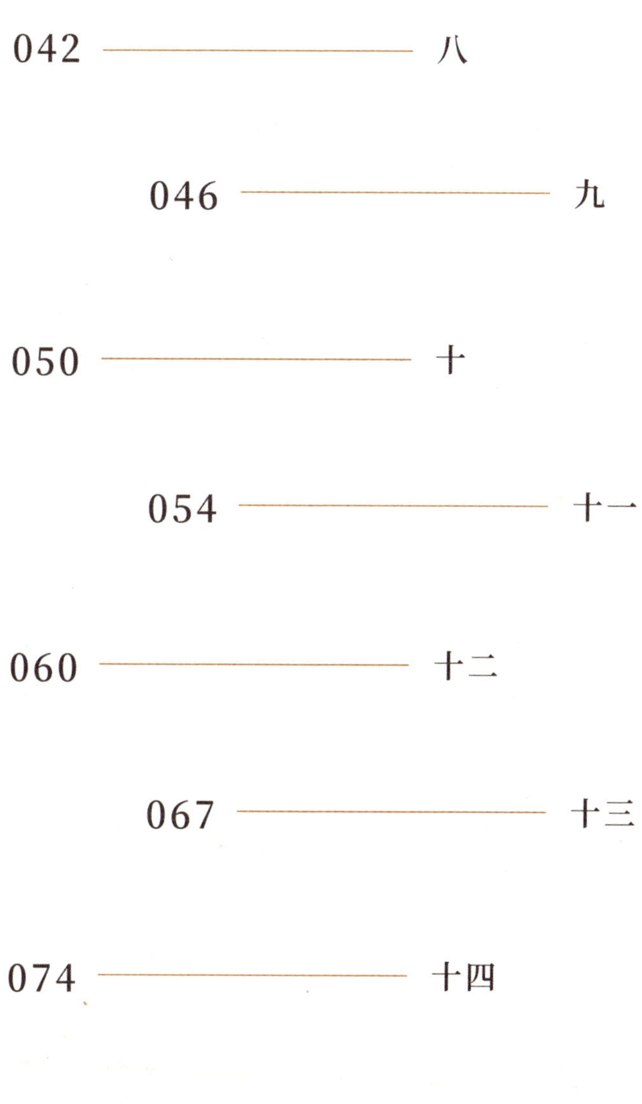

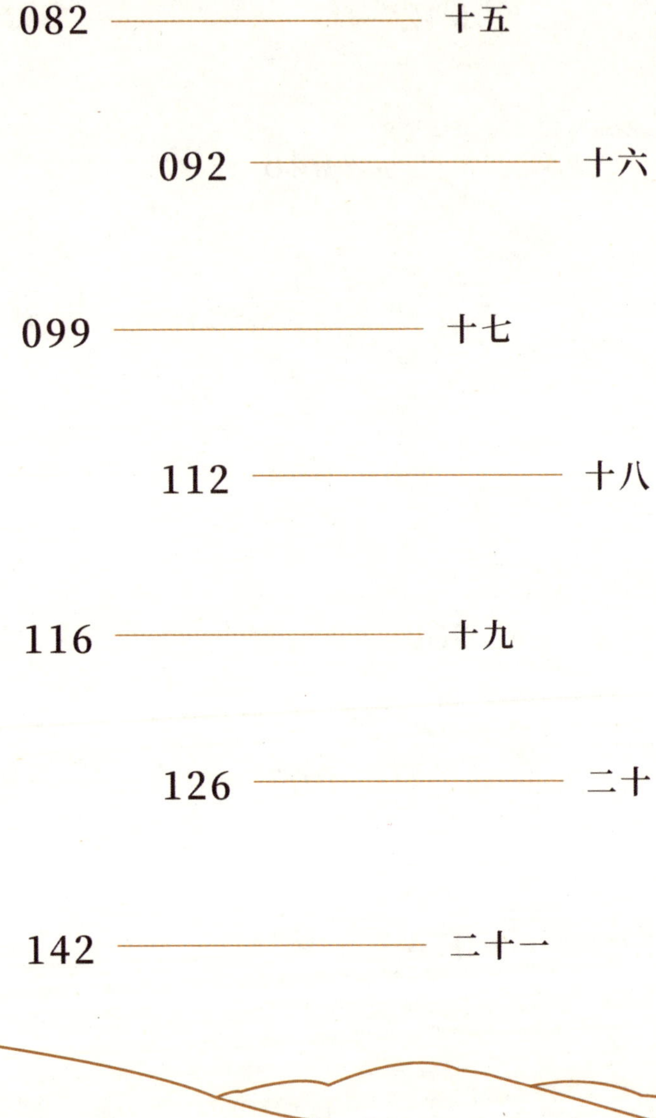

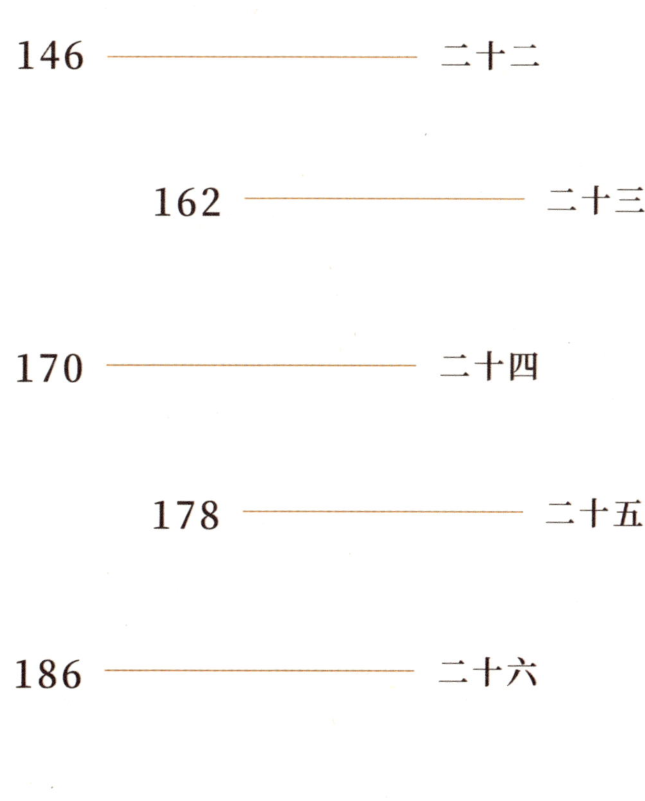

朴至大者无形状，道至眇者无度量。故天之圆也不得规，地之方也不得矩。往古来今谓之宙，四方上下谓之宇，道在其间而莫知其所。

——选自《淮南子·齐俗训》

# 一

道路裂开的缝隙里，野草拱开头顶的泥土，在空阔的大地上抻出半抹青绿，世界因此悄然改变着。道路携带着蜿蜒与坎坷，数度分叉，分为道与路，有的去往城中，有的通向山顶。一路上，梨花飞坠，桉树摇晃，草木引领着我们来到最高的地方。我所站的位置，正是西山之巅，属于哀牢山的余脉。放眼远眺，东山就在对面，它属于滇东高原六昭山支脉。俯瞰两山之间，坝子平坦，沃土绵延，如今的开远城就建在那儿——高楼林立，大道纵横，人丁兴旺，车马喧嚣，活像一副现代版的《清明上河图》。

俯瞰开远城

开远，别名阿迷州，位于云南省东南部，隶属云南省红河哈尼族彝族自治州，东连砚山、丘北、南接蒙自、个旧，西靠建水、北邻弥勒。1931 年 12 月（民国二十年），时任县长蒋子孝将阿迷县改为开远县，辖 8 个区，意在“四面伸开，联接广远”。据《开远市志·大事记》记载，“西汉元封二年（公元前 109 年）置毋棳县，始有建制”至今，开远已有两千多年的历史。在这漫长的时光里，开远真正在历史的星空里闪耀起来，那要追溯到 1909 年 5 月，滇越铁路穿过阿迷。当地的宣传语中，常见“开远——一座火车拉来的城市”之说，没有滇越铁路，就没有今日之开远。铁路即道，“道可道，非常道”。有了滇越铁路，开远也便有了自己的“道”，“道生一，一生二，二生三，三生万物。”有了“万物”便可筑城。从这个层面来说，是滇越铁路成就了开远，道要“开”，也要“远”，有了“道”，才能生生不息，才能真正“开放包容，行稳致远”。

1909 年开远站北侧

# 二

无数幽暗的隧道深藏于滇南的群山中，它穿过巉岩峭壁，穿过流泉飞瀑，穿过莽莽苍苍的古老森林。隧道里面的潮湿，有着时间真实的触感。在这儿，时常伸手不见五指，黑暗似乎具有重量，具有体积，是一个轮廓清晰的容器，它灌满了寂静，而这寂静的尽头，是一口隐形的钟，它在等待水滴从棚顶坠落，一次次撞击它，一次次发出来自深渊般的回响。是呵，一滴水珠从隧道的棚顶上坠落了，带着穿透黑暗的力量，滴答、滴答、滴答……这声音，源自水滴与黑暗的摩擦，源自水滴对寂静的撞击，源自铁轨、枕木、道砟石等对它的吞咽与吸纳。这与世隔绝的隧道里，这黑魆魆的洞中，似乎一切都已死去，唯有水滴是活物，它在动着，它在这儿隐居，它以清冽为生，以周而复始的坠落作为自己的使命，水滴是隧道的灵魂，是它豢养在体内的水母——黑暗如河，它在泅渡。

滇越铁路隧道之一

滇越铁路隧道之二

# 三

19 世纪末期，殖民的力量如刀锋般拂过古老中国的身体，从它衰败腐朽的腰间抽走所有的肋骨，那个妄自尊大的“天朝上国”垮掉了，经典古籍和唐诗宋词里的国度变得弱不禁风，礼仪之邦在列强船坚炮利的摧毁下已然灰头土脸、垂头丧气，“之乎者也”的大厦即将崩塌于天下，四书五经装饰过的天空，飘荡着饱经风霜的云朵，诸子百家、程朱理学的光芒照耀过的人间，到处都是颠沛流离的魂魄，大地第一次向我们敞开自己，露出统治中国一千多年的封建王朝的尽头，露出华夏文明命悬一线的困厄——法国政府企图从越南入境中国，进一步实现其侵略与扩张的野心，软弱的清政府被迫答应从他们的殖民地越南修建一条铁路进入中国云南府（昆明），滇越铁路便这样在中国的土地上产生了。

滇越铁路最初打算从文山入境，但这个想法很快就被否定了。

“1898年4月10日决定改由越南的老街进入中国境内的河口。1901年9月2日，中法两国商定线路从河口沿元江（红河）左岸，经龙膊、大窝子（屏边县城旧称）、新现至蒙自、从蒙自再经过临安（今建水）、通海、新兴（今玉溪）、晋宁抵云南府（今昆明）。这是条大体沿古驿道通往越南的古驿道“步头路”设计的铁路线，远在1871年法国商人堵布益就发现沿这条古驿道修铁路的优越性。法国驻广西龙州总领事方苏雅研究多年也认为滇越铁路沿古驿道修建是最佳的选线方案，他任云南总领事时还曾徒步滇南考察30多天进行过草测，后来由桥梁和公路总工程师吉勒莫多在法国投资银行团的支持下初步勘测设计出来的线路。这条线路因为沿元江、新现河溯流而上故称新现河线，简称西线。”（选自和中孚《凭窗回望阿迷》）

运输线

西线是滇越铁路建设的理想之线，沿途多为富饶之地，它将若干平坝串连起来，能使火车穿过稠密的人间烟火，在更多人的记忆中呼啸而过，这对于云南的军事、政治、经济和文化的发展也会产生至关重要的作用。但若按这条线路，滇越铁路到了蒙自，就会撇下横断山脉间的阿迷州，转向临安（建水）扬长而去。那时阿迷州只有六七千人，若失却滇越铁路，就会失去得“道”多助的优势，恐怕到了今天，它已经沦为寸地尺天的“阿迷镇”或“阿迷村”了，即便后来成了开远市，也不会在中国地名的星空里发出熠熠光彩，也不会成为中国工业文明史上浓墨重彩的一笔。西线一经确定，它的先期工程很快便被提上日程，法国人马不停蹄，从河口过来的施工便道很快就修到阿三寨，离蒙自城南只有 15 公里，通信电线已经架设进蒙自城。可据宰景高《中国铁路史概要》及罗羊儒《法人修筑滇越铁路之概略》记载，西线“侵占农田太多，妨害水利太甚”，沿路民众普遍认为，滇越铁路是“洪水猛兽”，修建铁路需要“穿凿山川”，是一件“害我田庐，碍我风水”的坏事，一时之间，“道法自然”“天人合一”等中国传统的“存在”方式遭受到了异域文明的入侵，中西两种文化在边疆厚土上发生了激烈碰撞，蒙自、临安等地出现暴力“阻洋修路”的情况，“馆驿、通海、新兴、晋宁、呈贡等处，地方人士则多出面阻挠……”很多地方甚至出现了拔勘测桩、摧毁施工便道、打砸设计制图处（原设于昆明圆通寺八角亭内）、驱赶洋人、火烧教堂等一系列暴力事件，致使设计铁路的工作搁置了很长时间。最后由法国高级官员吉里默与云南督抚商议变更线路方向，重新确定线路。

1903年7月5日，中法双方最终在修正的铁路建设条款中否定了西线方案，并于1904年1月25日正式启动东线建设。

“新设计的铁路线，从河口入境，沿南溪河北上，经南溪、腊哈地、芷村、碧色寨等18个车站后到达阿迷。从阿迷再穿过华宁、弥勒、路南（今石林）等县的边缘地带，经宜良、呈贡等坝区到达云南府。这条线被称为南溪河线，简称东线，即滇越铁路滇段的实际走向。”（选自和中孚《凭窗回望阿迷》）

至此，这一千载难逢的机会便将阿迷的命运改变了。

阿迷这个名字很亲切，像一个养在深闺无人识的农家少女，她很快便在中法两国的瞩目之下走上云南现代文明史的封面，成为云南乃至中国家喻户晓的名字。值得一提的是，改弦易辙之后的东线铁路在建设过程中，并没有遭到诸如“阻洋修路”“杀官仇洋”等暴力事情。据说，慈禧太后曾在仁寿殿召见晚清状元袁嘉谷，他是云南石屏人，比较熟悉滇南边地风土人情，当慈禧问及修筑铁路人民是否反对时，袁嘉谷回道：“人民近日知识已开，不反对。”“知识已开”——一种来自身体内部的清醒和认知，构建起宽容、克制的社会环境，从而为滇越铁路建设的推进提供了有力保障。

滇越铁路废弃的火车

蒸汽机车

阿迷的火车通车不久，便在1909年5月1日投入运营。而整条滇越铁路全线贯通，已经是1910年的事情了。“最初在云南境内设有34个车站，省会所在地云南府站为一等站，阿迷站是唯一的二等站，其余32个站分别定为边境战、三等站和小站。阿迷站的站舍、站线、货场、货仓、车库、给水、机车转向盘等项目建设与一等站如出一辙。滇越铁路全线设有两个机车车辆修理工厂，一个在越南嘉林，另一个就坐落于阿迷。法国人的滇段铁路管理机构、娱乐设施、医疗中心及官员们的别墅在这里一应俱全。”（选自和中孚《凭窗回望阿迷》）由此可见，阿迷在整个滇越铁路上有着极其重要的地位，“阿迷州位于225.4公里处。阿迷州车站有着特别重要的作用，尤其是该站的地理位置，几乎就在全线的中段，即是阿迷州以南净坡度为每米25毫米的尽头，又是阿迷州至宜良净坡度每米15毫米的起点，也处于联结红河水系与珠江水系的盆地之间。”（选自《云南铁路》）滇越铁路在云南境内共有465公里，经过10个县市，除了起点站和终点站之外，只有阿迷站是临县城最近的，这给阿迷人的生产生活带来了很大的便捷，也让阿迷成为了从云南府到越南河内最大的中转站。滇越铁路修通后，中国有了第一条国际铁路，云南高原有了眺望世界的窗口，最早的“改革开放”雏形在阿迷成形了，阿迷也从一个封闭的区域走向世界敞开了自己。

路途虽远，大道已成，从此之后，阿迷近水楼台先得月，持“道”而尊，它的政治、经济、文化等都和滇越铁路息息相关，很快便取得了翻天覆地的变化。

火车机修车间

# 四

交叉路口

犹记得，三十岁那年，我曾穿过滇越铁路上一个个寂寞的隧道，进入幽暗的洞中，就像漆黑的夜晚，独自去游泳，踩着河床上的石子，试探着河水的深度，一步一步，小心翼翼地让自己慢慢陷入凛冽的黑暗中。当穿过隧道，我才恍然大悟——黑暗的尽头是光明，那隐隐的光斑，在眼前慢慢变大变清晰，直到我最终抑制不住内心的兴奋，呼喊着朝它奔去，那一瞬我竟然获得了一种心悸之后的感动、一种活下来的幸福，似乎为了拥抱我，世界的光都等在隧道口，挥舞着手臂，向我敞开胸怀。那时，滇越铁路上的隧道，很多长满了荒草，经年沉默着，愣在原地，任凭穿过它的铁轨带着满身的锈迹，在山川与峡谷间匍匐着，一再旧下去。而我也总认为，锈迹是历史的肉身，滇越铁路从河口进入云南，这一百多年风吹雨打的历程，本身就像一场修行，道成肉身，就是铁路。滇越铁路最终会成为时代的弃物，而它的米轨还会倔强地从历史中延伸出去，关于滇越铁路的记忆也会一寸一寸地铺进中国人的心坎里。那一次，我沿着滇越铁路，徒步了25公里。沿着米轨走，这是一件辛苦的事情，步子小了或大了，踩在道砟石上，不多时脚底便会被硌得生疼，血泡暗生，必须每一步都要精准地踩在枕木上，可走不了多久，这种步伐也会因为无尽的重复而让人心生疲惫。所以，沿着米轨徒步，除了体力外，对人的毅力和吃苦的决心也是很大的挑战。“青松来风吹古道，绿萝飞花覆烟草。”（李白）那时滇越铁路尚未完全停运，只是班次很少，有些路段只用于货运，各地站房多已破败不堪，马齿苋从残存的石墙上里长出来，白茅沿着铁轨生长，小叶榕、洋酸角树的根在岩壁上绽露，尤其日落时分，风一吹过，草木摇曳，尽显出一派荒凉。很多次，我不由得坐下来，擦掉额头上的汗水，看落日与晚霞的光芒映照在一截铿亮的铁轨上，如鲜血般倒灌进历史的深处。

铁路车站

滇越铁路上蛇形的铁路

火车站三面钟

# 五

管子曰："聚者有市，无市则民乏。"（《管子·乘马》）

史载："古者四海之内，分为万国。城虽大，无过三百丈者，人虽众，无过三千家者。……今千丈之城，万户之邑相望也。"（《战国策·赵策》）

明朝正统年间改土归流，为了便于封建统治政权的巩固，加之开远坝日照充足，气候温暖，水资源丰富，自然条件优越等因素，统治者将阿迷州城从文山州西南部迁至开远坝来，阿迷知州张安周率先凭借古老的泥土夯筑法筑城，"立四门以资控御"，直到阿迷州城显出城郭状貌时，已经快接近清朝末年了。滇越铁路开通之前，阿迷州城仅有六七千人，包括“官于斯，贾于斯”，军屯、民屯、流放、充军等来到阿迷的汉人，以及倮倮、土僚、沙人等少数民族。滇越铁路通车之后，阿迷人口徒增，据 1932 年调查，居民已增至 19636 户，人口已达到 96048 人，阿迷州城里，农耕文明的宁静被火车的呼啸声从中撕开，人们在裂缝中惊醒，现代文明如一束强烈的阳光，从长满野草的瓦楞上破空而来，照进寻常巷陌，照进水村山郭，照进堂屋宗祠，照进烟云供养的寺庙，照进赵钱孙李的生活，照进周吴郑王的梦魇。

滇越铁路法式建筑

阿迷变了——

云南纳西族女作家赵银棠的丈夫曾在阿迷铁路警察分局工作，她年轻时到阿迷探亲并小住过一段时间，对于当时阿迷的情景，她曾在回忆文章《九十年历程》中有过精彩的记述：

这是座绿荫包裹得严严实实的小城，幢幢法式别墅散布在站前马路上，颇具异国色彩。街市上，在云南别的县城里罕见的洋货店、洋油公司、咖啡屋、酒吧、冷饮店、奇异的热带水果摊鳞次栉比，空气中弥漫着浓浓的南国瓜果芳香。常看到西装革履的法国人、意大利人在绿树奇花中悠闲踱步，而更多的是头戴尖顶的斗笠、脚下趿拉着木屐来去匆匆的安南（越南旧称）人。这些外国人大都友善，与本地人和睦相处。当然也有自持高傲与偏见的“法国佬”，对土著居民表露出不屑一顾的神态，中国人也对这类人鄙称为“洋夷”或“洋毛子”。

由此可见，传统意义上的阿迷城其实已经逐渐走向消逝。取而代之的，是一个现代的、洋气的、喧嚣的、繁杂的、立体的、开放的、更加充满生机和活力的、更加接近人间烟火气的、有着些许国际气质的县级城市。大街上，随处可见中西文化的交融与碰撞，西装与长衫、咖啡与粗茶、酒吧与茶馆、冷饮与香槟……一种新的生活方式也在悄然形成，并在亲历者的奔走相告中，吸引着来自五湖四海的人们。

“民”多起来了，能聚“市”，“千丈之城，万户之邑”可得也。

滇越铁路法式建筑

## 六

现在的开远站，就是从阿迷站改名过来的，它站在岁月的暗河中，不论风云巨变，仍然披着从前的霞光，顶着从前的日月，在每个清晨与黄昏，迎来送往。一百多年来，过客们已在人间越走越远，而开远站，一直站在原地，接受暮色一遍遍的洗涤，它的墙壁早已泛出带有历史印记的沧桑感，它的围墙几经拆除或改建，它门口的洋酸角树已从当年的碗口粗壮长成如今的参天大树，它的人群已走散，留下两根孤独的铁轨，向着寂静深处无限延伸。如今的开远站，已从喧嚣与忙碌中撤退出来了，不再承担铁路运输的主要任务，仅从开远站开往城郊的村庄，属于城市交通的一部分，短途客运，总共经过十多个小站。但它在中国现代史上留下的传奇，正在一代又一代中国人的心里，被一次又一次地翻开……

1915年8月，袁世凯窃取了辛亥革命胜利果实，想要黄袍加身，重新复辟帝制，扶正封建王朝已被掀翻在地的龙椅。他的阴谋才被揭穿，即刻引起全国人民的愤慨与声讨，仁人志士重新接过缰绳，翻身上马，共商讨袁护国之大计。这时，被软禁在北京的前云南都督蔡锷乔装打扮，微服逃到天津，同年10月到香港，并在12月11日乘船抵达越南海防，准备取道滇越铁路，回云南举旗开展护国运动。袁世凯得知蔡锷出逃，拍案大怒，急下多道密令，一路诛杀蔡锷，甚至许给滇系军阀首领唐继尧“诛蔡则晋亲王，更以三百万金”的丰厚条件，同时命令蒙自道尹周沆、阿迷县知事张一鲲在滇越铁路沿线侦查捕杀蔡锷。但令袁世凯没有想到的是，云南许多老同盟会员多次秘密集会，已在酝酿反袁斗争。云南省陆军军官大多参加过蔡锷指挥的昆明重九起义，蔡锷在军界威望甚高。唐继尧认真分析了当时的军政形势后，不但拒绝了袁世凯的悬赏，还担心蔡锷回云南的安全，于是特命警卫团团长、胞弟唐继虞率两个警卫连和一个宪兵分队赶往河口护送蔡锷回昆明。这一路上的血雨腥风遂将阿迷这个边陲小站搅进了历史的漩涡中，阿迷站也因此成为护国运动路线上绕不过去的点。一路上，周沆、张一鲲等组织了一系列暗杀行动，包括跟踪暗杀、狙击暗杀、设宴毒杀，甚至在越南老街的时候还重金收买越南杀手暗杀，这些暗杀行动最终都在法国宪兵队与唐继虞警卫团的护送下宣告失败。最为惊心动魄的是，17日夜里，张一鲲从开远到蒙自，亲自密谋策划暗杀行动，他认为碧色寨是最佳暗杀之地，调集了警备队三百多人，心想若借宴请之名毒杀不成，就采取强攻。如此险要的关头，唐继虞当然也会提前布置防护——蔡锷所乘的两节专列经过河口后，前面加挂了两节兵车，一节行李货车，后面加挂两节兵车，一节货车，刻意扩大火车上的活动空间，造成不确定性，快到碧色寨时，蔡锷避入行李车厢里。蔡锷的专列抵达碧色寨时，周沆、张一鲲率领当地一千多乡绅兵士佯装等候欢迎，但出乎他们所料的是，唐继虞早已将临安、蒙自滇军、警卫连调集到碧色寨火车站，提前警戒并封锁了站内所有进出口，派人严密监视着他俩的一举一动。蔡锷和唐继虞借口生病不下车，周、张

碧色寨车站

旧日火车

二人一时之间老虎吃天——无法下口，只能眼睁睁看着蔡锷的专列从他们的眼前缓缓驶过。在碧色寨的诛杀行动失败后，周沆与张一鲲将最后的暗杀赌注全部押在阿迷站，21日晚，蔡锷的专列抵达阿迷站，径直开往北机口房内，佯装当晚下榻洋酒店（位于今昆河铁路公司办公楼南楼处，1995年拆除），这是法国人修建的花园式豪华二层楼房，专用来接待过往阿迷的各种达官显贵，民间俗称“洋酒店”。实际上蔡锷仍然藏身于行李车厢里，警卫连在酒店四周戒严，唐继尧也早已知晓周、张二人的阴谋，特将临安（建水）驻军调遣到阿迷，把整个阿迷车站内外封锁得水泄不通，任何人不得接近。早早等候在站外的张一鲲和阿迷士绅，以及不谙真相的群众都被挡在警戒线之外，晚上9点左右，周沆慌忙火急搭车从蒙自赶往阿迷，经与唐继虞几次交涉，都没有获得拜访蔡锷的机会，他心急火燎，意欲铤而走险，伙同张一鲲组织敢死队进攻车站，但皆因拿不准蔡锷所在的具体位置，且车站警戒严密而无从下手。就这样，12月22日，蔡锷乘上火车安全抵达昆明，将讨袁护国的大旗插进战火硝烟中，带领成千上万的三迤子弟，把袁世凯的黄粱美梦粉碎在北方大地上。可时至今日，又有多少人知道，蔡锷从险象环生的阿迷站成功脱身，正是倾覆袁世凯皇权大厦的第一张多米诺骨牌。

除了著名的护国运动外，滇南铁路沿线地下党领导的工人运动也早已将名不见经传的阿迷站写进了现代史书的内页。1927年党中央从广州派王德三、赵琴仙、杜涛等10位同志回云南开展工作，为进一步加强对云南革命斗争的领导，成立了中共云南省临时工作委员会，临委会一开始就把滇越铁路和个碧石铁路作为工人运动的重点，策划了闻名全省的“小东山暴动”和几次影响较大的铁路工人罢工运动。那时党组织领导经常深入开远火车站内，与铁路工人谈话，夜间在工棚里向铁路工人宣传革命道理。1928年8月，开远第一个党支部——中共阿迷火车站支部成立，归迤南区委领导，刘林元、王任初等很多早期的共产党员隐姓埋名，穿插在铁路工人队伍中，为建设共产党领导的政权九死一生，有的甚至曝尸荒野。目前开远站的小火车里，还有一节车厢，专门用作党史浏览室，供乘客翻阅，以此缅怀先烈，增强人们的爱国情怀。

很大程度上，正是因为开远火车站，才将开远这个边疆小城的军事位置推到战争前沿。抗日战争期间，为最快摧毁中国的抗日战争力量，1939 年起，滇越铁路作为中国西南大后方最后的国际运输线，遭到了日本军机穷凶极恶的狂轰滥炸。开远作为滇越铁路上的重要交通枢纽，也因此遭到九次空袭，一时之间，包括滇军、来华助战的美军以及日军三股军事力量轮番争战于开远。由于滇军严阵以待，浴血奋战，日军沿滇越铁路的进犯受阻，才不得已移师缅甸，攻占仰光，于 1942 年改从滇西入侵云南。1945 年 3 月，同盟国中国战区中国陆军第一方面军将总司令部设在开远滇越铁路警察总局（1940 年国民政府已收回滇越铁路云南段路权），中国西南抗战胜利的序幕也随之在开远掀开。1945 年 9 月 2 日，在开远举行驻越南北纬十六度以北地区日军“初步洽降签字典礼”，史称“开远受降”，这进一步提高了开远在整个抗日战争史上的军事地位。1948 年，驻开远国民党军 93 旅与县政府、县参议会联袂发起京剧义演，筹集资金在第一方面军司令部西侧建了一座牌楼式三间受降纪念坊和一座砖木结构的六角攒尖顶受降亭。纪念坊明间镶嵌云南省主席兼第一方面军总司令卢汉亲笔题写的“开远受降亭”黑底金字匾；纪念亭中置受降纪念碑一块，详载了受降记事。因此，中国现代军事史上开远这个名字赫然在册。

南桥水电站石墙上被日本飞机炸过的痕迹

被日机炸毁的小龙潭铁路桥

“祸兮福所倚，福兮祸所伏。”“道”秉持着自身规律，调节着这个城市的命运与际遇。开远火车站给开远带来了现代文明的温暖，也给开远带来了暗杀和轰炸机。但当历史的烟云消散后，一切归于平静，生活再次露出了它该有的祥和与宁静。加西亚·马尔克斯在《活着为了讲述》中写道：“火车会在十一点经过马孔多种植园，十分钟后停靠在阿拉卡塔卡车站。陪妈妈去卖房子那天，火车晚点了一个半小时。火车加速时，我在厕所，破车窗里吹进来干热的风，旧车厢震天响，鸣笛声听了魂魄散。我的心抖抖索索，胃里翻江倒海，直犯恶心，手脚冰凉。遇到地震才会这么害怕，我飞快地冲进厕所，见妈妈不动声色地坐在位子上，高声报出一个个地名。它们从窗外掠过，如同昔日不再重来。”或许，每个坐过火车的人，心中都有属于自己的阿拉卡塔卡车站，在我心里，它就是开远火车站。当我穿过开远火车站门口的院子，阳光从洋酸角树叶间落下来，斑驳的光影撒了一地，我穿过它，就像从历史的碎片中经过，来到站台上，等待眼前这一趟绿皮火车再次启动，它将载着我，在滇越铁路上缓慢经过，而我身后的几节车厢，空荡荡的，不时有落日的余晖，从车窗外灌进来。

# 七

“在路上，我们永远年轻，永远热泪盈眶。”

——杰克·凯鲁亚克

20岁那年，我在红河学院读书，寒假回家，与几个同学一起搭乘慢腾腾的绿皮火车，从蒙自返回昆明。那是我生平第一次搭乘绿皮火车在滇越铁路上远行。当时有些紧张，生怕错过发车时间，提前一晚在蒙自火车站旁边开了间小旅馆，约着同学在里面看通宵电影。天麻麻亮时，气温有些凉，路灯下，悬铃木的叶子落满了街道，人们从幽暗的地方蹿出来，扛着大包小包，匆忙掺入更大的人群，似乎全世界的人，都涌到了火车站——这是出发与归来的地方，就像两股力量，在人海中搅出了漩涡。当火车在清晨的寂静中"哐"的一声启动时，大道醒来，山川在奔跑，阳光似乎也获得了某种号令，在两根锃亮的轨道上铺开，引领着火车于群山中徐徐而行。我们坐在车厢里，打牌、聊天、鼓足勇气勾搭陌生的女孩，或者靠在车窗上，打量着外面的风景，桉树、村庄、电线杆、田野、劳作的人、沟壑、悬崖、湖泊向着我们的身后飞奔而去，似乎有一个空荡荡的世界正在被重新组装，需要从我们身边一样一样拿走这些东西。每到一个小站，便有当地村民争着从车窗里塞进烧洋芋、煮鸡蛋、方便面等，好说歹说非要卖给乘客们，有时火车都已经启动了，他们还会追着跑一截。那时候的滇越铁路，真的就像一根血管，唯有它汩汩流动起来，才能盘活整个滇南大地乃至滇中地区的人间烟火。黄昏时，火车到达了昆明，无人等候的我们开始在落日下漫游，一个个鬼吼鬼叫地翻过发烫的铁轨，一路奔跑进昆明城，跑进黑夜的中心——那里，灯火通明。

七孔桥

多年以后，我长大了，爱上了在大地上漫游。有一次去黑龙江漠河参加诗会，选择从哈尔滨乘火车抵达。我和另外几位诗人，彻夜站在火车的走廊上抽烟、喝酒，有一搭没一搭地谈论着诗歌中的江湖。车厢里，很多人打着微鼾，在梦中舒展身体，就像流水线上的成品，正在被传送带输送进宿命的箩筐。车窗外，火车穿行的速度带着单调的金属摩擦声，这头贪婪的钢铁野兽不停地吞噬着前方的黑夜，直到这黑夜被它吃光，舔干净，大地的轮廓才在空濛中逐渐呈现出来：大片的白桦林站在北方的山冈上，偶尔有几间低矮的小木屋在林中一晃而过，似乎刚刚下过雨，山间水汽将轨道两旁的草木洗刷一新，世界真的干净了——为了再一次接纳我们，这是一种恩赐，但往往人们身处其间却浑然不知。还有一次，朋友约我作一次长途旅行，目的地不仅要举目无亲，还要足够遥远，足够偏僻。我们信誓旦旦，从北京西站出发，终点选择了佳木斯，但过山海关时，他便悄然下车，自此消失在人海。这是一件伤心的事，此后多年，但凡看见绿皮火车，我便要想起他。突然又想起几年前的一个夜晚，在鄂尔多斯草原上，一个灯笼般的火车头，没有拖着别的车厢，孤单单地穿过大草原，一溜烟消失在黑夜中。看着它远去，我伤心了很久——火车头啊，跑得那么快，跑得那么急，你是不是要回去寻找你的身体？火车，在我看来，它不单是一种运输工具，还是时间用旧的身体；火车，因为缓慢，像一个老故事的叙述方式；火车，它每天在单一的轨道上重复着自己，像是一种人生，又像是记忆的舌苔，沾满了情感的唾液、生命的碎屑、青春遗落在时空里的孤独感。

小火车开过七孔桥

大花桥

如今，滇越铁路上仍然还有火车，但是已经很少了。它因为缓慢，被高铁、动车、飞机等取代。为了写作此书，我再次回到当年的开远火车站，那个曾经擦肩摩踵、热气蒸腾的人间，早已失却了当年的喧嚣。开远火车站很多地方还保留着之前的样貌，门口的洋酸角树变得更高大了，一百多年来，它见证着这块土地上的繁荣与沧桑，每片叶子落下来，盖住的都是一个小世界。开远火车站每日还有几趟小火车从这儿出发或归来，但只作为市内的交通工具，不会跑远。我独自坐在一截车厢里，随着火车跑了几个小站，也许是适应了现在的“快”，我竟然觉得它比以前还要缓慢，缓慢得快接近停止了。或许，我已经在“快”的节奏中成为了另外一个人，但无论如何，青春里曾有火车穿过，我用骨头作为枕木，火车开到哪儿，哪儿就在断裂。于是写到这儿，我再次打开音响，听马修·连恩的《布列瑟隆》，最后的旋律中，火车的声音带着我，慢慢从记忆的隧道里跑出来，就像灵魂跑得太慢，需要身体等一等：

我站在布列瑟隆的星空下
而星星，也在天的另一边照着布列瑟隆
请你温柔的放手，因我必须远走
虽然，火车将带走我的人
但我的心却不会片刻相离
哦，我的心不会片刻相离
看着身边白云浮掠，日落月升
我将星辰抛在身后，让他们点亮你的天空

# 八

凤凰花开

凤凰木与小叶榕交织而成的树荫，落在四通八达的街道上。冬天过去了，时日刚刚接近春分，气温就溽热起来，人们躲在阴凉之处打盹、玩牌、下象棋、搓麻将……消遣着时间，遗忘着时间。我骑着小黄车，穿过广场、街道、居民住宅区、修锁或配钥匙的小店铺，在那些弯曲僻静的巷道里寻找着阿迷的痕迹。一百多年前的阿迷似乎被藏了起来，开远城用它日新月异的发展掩藏着历史的纹路与斑驳。四周高楼拔地而起，天空回撤到更高的地方，为人的欲望让出距离。楼与楼的间隔里，开远火车站法式建筑群散落其间，地址位于开远市东风东路东端，滇越铁路244公里处。原建筑包括候车室、站长室、机车库、转盘车、总经理办公室、法国医院、住宿小楼、俱乐部、洋酒店、安南小学等建筑群落，沿一条南北向街道布列，现在仅存6幢了。在那些人影寥落的巷道里转了几圈，我并没有很快就找到这些建筑。到访之前我曾想，法式建筑该有的洋气与异国风情格调，定然能被我从中规中矩的商品房中一眼认出。事实并不如此，它们褪色了，黯淡了，旧掉了，朽掉了，坍塌了，有的甚至成为废墟并被风雨侵蚀，被荒草占领，成为一个时代的瘢痕，虚晃在记忆的深渊里。

寻而不见。正当我刚要向路过的老者打听时，迎面一幢二层法式别墅突然杵到眼前。它灰头土脸的，深陷在四边的高楼中，显得黯淡和低矮，它的天空被高楼霸占了，阳光照射下来，四边的高楼就蛮横地将其劫走。“危楼高百尺，手可摘星辰。不敢高声语，恐惊天上人间。”（李白《夜宿山寺》）我觉得，建筑学上的“高”是具有侵略性的，甚至是一种人类对星空的觊觎和挑衅。而这幢法式别墅周围的“高”，就是一种强权，具有戏剧性的是，这幢法式别墅曾经所彰显和隐喻的权力被另一种权力取消了，它的时代一去不复返。

巴都署之一

巴都署之二

这幢别墅是开远火车站建筑之一，原用途名称不详，地方群众俗称“巴都署”。据说是当年滇越铁路公司经理巴都的办公室，实际上也是法国安置在中国的权力机构，可以想象曾经出入这里的高官和权贵门，一边捻着手中的雪茄，一边喝着香槟的样子，曾经发生在这里的阴谋、欲望、野心、傲慢、偏见、优雅、浪漫已被时间清空，灰尘落在它光秃秃的四壁之上，一再加深，巨大的虚无感充斥其中，此刻，寂静才是历史唯一的回声。巴都署曾作过开远铁路实业公司、开远铁路分局老干分处，现为昆明铁路局离退休管理处开远活动站。根据《开远文库》第十辑《滇越铁路从开远穿过》记载：

“巴都署1907年建，石墙承重，木梁架，机制红板瓦顶，墙角皮石嵌边。建筑坐北向南，二层办公楼，面宽1395米，进深11.6米，高11.5米，建筑面积325平方米。楼体底层层高4.3米，南北开门，南向设檐廊，廊下置弧形石阶三踩，平石阶处周设挑脚石一圈。中间为过厅，两边为工作人员办公室三间，西二东一。后层设楼梯于西面，开储藏室、地下室于东面，正中开北门，门上挑钢架摭檐，檐下置方形石阶三踩。前廊和室内各厅室分别铺敷在越南烧制的不同图案面地砖。二楼为经理办公室，层高4.3米。南向挑阳台；室内功能划分：中间会客室，西边设办公室一间、卫生间一间；卫生间内铺彩釉地砖墙贴白瓷砖。东边为接待、会议功能室两间。后层为楼梯过道，地面除卫生间外，均铺楼板。楼体四面开百叶窗，材质东京木。楼上楼下各置壁炉三个，现仍完整保存。”

我没有进入巴都署，它的铁门紧锁，院墙高置，在清冷与落寞的气氛里，拒人于千里之外。倒是巴都署庭院中的一株三角梅，比这幢别墅更近人情，它爬出围墙，枝叶藤条从高处铺盖而下，花朵开得汪洋恣意，热烈奔放，像一面紫红的瀑布从门头上倾泻而下，凭着这点，仍将巴都署当年的豪气与威严从时间深处打捞出些许来。

# 九

“天地有大美而不言”，庄子说的“大美”，必然通向“仁”，抵达“善”。大地不动声色，沉默是它永恒的语言，我们置身大地上，有人相爱，有人结仇，有人建房，有人埋坟，就像开远这块土地，它既接纳了巴都署，也没有拒绝过洋人坟。我觉得参观一个人的坟墓，比见证他一生的辉煌更重要，因为辉煌是浮云，坟墓才是人生最后的真相。

洋人坟位于开远滇越铁路小花桥北、解化塑料制品有限责任公司旁，是滇越铁路通车后安葬滇越铁路滇段法国籍管理人员和越南籍员工的陵园，故俗称“洋人坟”。如今已无法考证墓主们的具体死因，但无论以何种方式走到了生命的尽头，开远都是他们的灵魂升入天堂或进入地狱的必经之地。这些坟墓为民国初年所造，至今已逾 80 余年，能够保存下来，实为罕见。君不见多少庙宇楼台、文物古董于“文革”期间毁于一旦；君不见多少名胜古迹在历次拆迁中被夷为平地；君不见国家之间发生龃龉时，也曾群情激愤，互相侮辱彼此的事件时有发生……

根据《滇越铁路从开远穿过》记载：

“洋人坟南北长62米，东西宽45米，面积2790平方米。2008年7月23日被公布为开远市第二批文物保护单位。”

“由于长年遭受破坏，法国人墓碑多被砸毁，墓葬被据。陵园被作为建筑废弃物堆积处，陵墓大部分被掩埋。”

“从裸露的部分地表看，墓葬坐向头西脚东，由混凝土浇灌而成，墓顶呈弧形，长179厘米，宽56厘米，中部凸起一扇形墓志，简记亡者姓名、下葬时间。墓葬南北向行排，两墓间距约7393厘米；东西向列排，列距约140厘米。南部多葬法国人，中间多葬越南人，北部墓葬较稀疏，有部分解放初期铁路小学的教职员工掺葬其间。陵园周围高约1米余围墙，围墙东部开出入陵园大门，门口设置陵墓看守屋，建筑样式法式，现保存基本完好。围墙西部建置一个安息亡灵的穹窿石建筑。2008年，有人在内挖坑种植竹子，果木和隔离养鸡、养蜂等垦殖活动，遗址原貌遭到进一步严重破坏。”

参观洋人坟，需从解化塑料制品有限公司的大门进入，在其员工的引领下，我们穿过几层弯曲的梯台，绕到该公司后院。通往后院的，是一条野草葳蕤的狭窄通道，那里设有一道门，平时锁着，有人要进院子，才去找人来开门，阴与阳的界限，一再被抹去，如今就只剩下这一把锈迹的挂锁了。后院里，蔓藤缠绕，朽木与枝丫杂乱无序地散落一地，几棵老树举着巨大的树冠，阳光从它的顶上铺洒下来，天上一半，地上一半，和围墙外的光亮相比，这里要黯淡些，甚至能感觉到有一丝丝凉意。似乎很久没有人来过了，野草自生自灭，一岁一枯荣，崭新的叶片夹杂着干枯的桔梗，横七竖八地倒在院子里，有的甚至已经把唯一的小径覆盖了。藤萝从围墙上蔓延下来，爬上墓碑，我将其密集的叶片掀开，发现藤叶深处，矗立着一尊圣母玛利亚的石头造像，虽然已被风蚀，有些斑驳，但时间与风雨还是难以改变她脸上的温和与慈祥。如果没有圣母玛利亚的雕像，这墓碑就是墓碑，是生命在大地上的最后一次举牌，是“人间已无我”的告示。但有了圣母玛利亚，死亡似乎预示着一种回家，另一种归宿，它不再那么冰凉，恐怖。藤萝密集的叶片覆盖着玛利亚，藤萝上有些根须似乎已经伸入玛利亚的身体里，玛利亚是被这些藤萝缠住了，或者这片藤萝就是从它的身体里面长出来的。

据说前些年墓主的后人也曾来到开远缅怀过自己的亲人，很感激中国政府还能保存着他们祖辈的坟茔。我在想，滇越铁路是法国人修的，要将这些人的遗体运回他们的国家也不是件很难的事情。但是他们为什么要选择将自己的同胞埋在中国呢？是不是也有权力的傲慢，是不是在他们心里，中国西南这块土地，早晚也是法国人的囊中之物呢？俱往矣，“死去何所道，托体同山阿”（陶渊明），我们每个人活在世上，都是宿命的傀儡，自古国家利益高于一切，试问苍生，谁能置身事外，谁不是身不由己？这些异国的灵魂，躺在中国的土地上，作为生命，理应获得尊重。同行者有开远本地人，他告诉我，“这帮法国人中，官做得最大的埋在那里”——我循着他指的方向看过去，那是一片凌乱不堪的荒地，除了泥土与树叶，地上空无一物。道法自然在时间里，又一次显示出了它的公平。

洋人坟

## 十

滇越铁路在带来新的文明与商机的同时，也给中国人带来屈辱和灾难。1885年中法战争，清政府不败而败，法国政府不胜而胜，在法帝国主义的武力威胁下，清政府与之签订了《越南条约》，答应“日后若中国酌拟创造铁路时，中国自向法国业此之人商办。”这为滇越铁路的最初构想提供了条约支持。法国人此举是想通过滇越铁路经过昆明，直抵四川，从而实现其控制长江上游的野心。两年之后，法国政府正式提出“东京公共工程规划”，确定了在越南和云南修筑铁路的殖民计划，并在1895年甲午中日战争后，借归还辽东半岛有功，强迫清政府签订《续议商务专条附章》，明确规定“至越南之铁路，或已成者，或日后拟添者，彼此议定，可由两国酌商，妥订办法，接至中国界内。”明目张胆地将觊觎中国领土的想法一步步变为现实，殖民主义的迷雾很快漫向中越边境。1898年，法国政府派出军舰相挟，迫使清政府接受自越南边界修建一条铁路到云南省城，终于在1903年10月29日与清政府签订了丧权辱国的《云南铁路章程》，至此法国政府成功攫取了滇越铁路路权。1910年滇越铁路全线通车之后，中国民众需要承担各种高额运输费、杂费等，法国人加大盘剥力度，从政治、经济、文化等方面加强对中国的蚕食与掠夺，在通车之后近30年的时间里，仅仅个旧大锡就被拉走23万吨，此外他们还强制以法郎作为运价计算本币，流通各种安南殖民货币，榨取高额利润，搜刮云南银根，致使大量白银外流。

20 世纪 20 年代
滇越铁路徽章

“越路短，滇祸缓，越路长，滇遂亡。”当时有民谚如此说。难能可贵的是，云南人民在滇越铁路建设初期到后来运营的几十年，从没有放弃对法帝国主义侵略行径的反抗。据曹定安编著的《开远史话》记载：1902 年 6 月 20 日，爆发了蒙自杨自元为首的火烧海关、铁路工程处起义；1903 年 5 月，爆发个旧周云祥为首的“阻洋修路”起义；1906 年 5 月，同盟会在日本创办《云南》杂志，展开“废约赎路”的斗争。1926 年中共云南省特委成立，先后派出一批批优秀党员、共青团员至铁路沿线组织工运……每一次反抗，都是在铁笼中向着一个方向的锤击，反反复复，直到它裂开，从那裂缝中漏出一丝微光来。1929 年，国民政府以云南铁路章程施行不良、情势变迁为由，要求法国重新修改路章，改变中国政府对该路负绝对义务的状况。后经外交磋商，于 1935 年 2 月，国民政府局部修改了 1903 年签订的不平等章程，对铁路公司无偿占用土地、铁道运输及运价等问题重新作了规定，收回了部分主权。

站牌

1937年，日本侵华战争全面爆发，滇越铁路成为唯一的国际运输线，为阻止援华物资、抗战装备等进入抗日前线，日军出动625架次军机对滇越铁路狂轰滥炸，并在1940年春炸毁小龙潭大桥，滇越铁路中断。后来法国战败，与日本缔约，让日军登录越南海防，导致大批屯集海防待运的抗战物资陷落敌手，日军意欲沿着滇越铁路进犯抗日大后方，迫于形势，国民政府军事委员会下令炸毁河口大桥，拆除河口至碧色寨的路轨，同时按照中法签订的《云南铁路章程》有关规定，“中国与他国失和，遇有战事，该铁路不守局外之例，孰听中国调度。”并成立滇越铁路线区司令部，军管滇段铁路运输，基本上掌握了对滇越铁路的控制权。

1943年8月，因广州问题，中法断交，国民政府宣布无条件接收滇段滇越铁路，随着法籍员工39人离职出境，中方成立滇越铁路滇段铁路管理处，自主经营管理，彻底结束了法国政府对滇越铁路长达33年的控制权。并在3年之后，通过中法两国在重庆签订的《中法新约》，将“滇越铁路河口至昆明一段，所有权完全移交中国政府，由中国政府赎回。赎回之款由法国政府垫付，借以补偿抗战期间滇越铁路停运及海防封锁后所受之物资损失，法国当转向日本要求此项垫款之给付。”

至此，《滇越铁路章程》被废止，滇越铁路滇段路权正式回归中国政府。滇段路权的回归，也是一条艰难漫长的道路，为之付出努力的人们，就像中国当年的劳工，逢山开路，遇水搭桥，虽九死其犹未悔，终于为后人在历史的悬崖上，凿出一条崭新的路，它在通往独立自主的路上，彻底扔掉了孱弱与耻辱。

开远站信号灯

# 十一

归途

新中国成立以后，滇越铁路成为国内最重要的一条国际运输路线，它从河口出去，通往越南河内、海防，还可以通往广西凭祥，参与国际联运，重新调整了云南在中国版图上的地理位置——从边陲之地变成改革前沿，也使得开远这个原本名不见经传的弹丸小城在中国现代史上声名鹊起，成为为中国经济恢复与发展做出重要贡献的“工业重镇”，直至今日已然是许多人安身立命的理想之地。

1949年12月9日，中国人民解放军昆明军事管制委员会接管昆明区铁路局，改名为昆明铁路管理局，自此，滇越铁路正式被收归国有。关于滇段全线恢复运营的相关工作也随即提上日程，首先是机构设置，在原昆明区铁路管理局的基础上重新整编，根据业务下设科室，各科室直接领导基层站段，其次是在保证昆明至碧色寨路段正常运营的情况下，积极开展修复因抗日战争受到破坏的设施和路段的工作，经过八年时间，终于完成河口至碧色寨路段的修复工程。1957年12月18日，滇越铁路全线恢复通车，当火车的呼啸声再次穿过滇南的山林，人间已然换了天地。也是从这个时候开始，昆明铁路管理局才逐渐对滇越铁路进行总体技术改造，加大机务段和修理厂的投资，牵引全部实现内燃化，增设会让站，新建铁路大桥，延长股道等，经过多年的摸索和努力，开远铁路分局才有效地提高了滇越铁路的生产力，相关配套设施也随之建立起来，这时，滇段火车才真正穿过屈辱，穿过殖民的野心，穿过历史的烟云，从数不清的热泪和微笑中向我们开来，它开进了新中国，开进了一个崭新的时代，开进了一代又一代开远人、一代又一代铁路儿女的回忆中：

“火车穿城而过，整整一百年了，开远人对火车有着深深的依恋，难怪有人说听不到火车的声音就睡不着觉。每个老开远人都有无数次乘坐火车的经历，从孩提时代到两鬓染霜，一代又一代，火车在开远人生活中扮演了重要的角色。火车成了开远人挥之不去的情感符号。火车拉来的文化元素影响和改变着人们的生活”（选自徐小平《火车印象》，作者单位：开远火车站）

“对火车司机而言，火车就是他的生命，对火车有着深厚的感情。父亲开了25年的火车，从开蒸汽火车到内燃火车，先后带出了20多个徒弟。2009年3月，也已经退休的父亲的徒弟刘少奎专门从重庆赶来，和在开远的徒弟徐昆平一起特地为父亲提前过了80岁的生日。当父亲和他的徒弟们，两代滇越铁路火车司机拥抱在一起的时候，在场的人都露出了欣慰的微笑，是滇越铁路这条特殊的线把他们师徒之情紧紧地联在了一起。”（选自朱丽萍《在开火车的日子里——记我的父亲朱自德》，作者单位：开远铁路公安处）

20世纪50年代手提拨轮式铁路煤油信号灯

“我的爷爷、父母和我都是米轨铁路的职工。三世同堂，和和美美。米轨孕育了我们三代人的幸福生活。”（选自黄杰《米轨人生》，作者单位：开远十里村火车站）

“我出生在开远一个普通的铁路工人家庭，30年来除了外出求学的3年外，基本没离开过开远，没有离开过铁路。可以说是日夜与这条铁路相伴，天天与铁路工人相处，因为不仅我的父母亲都是铁路职工，连我的姐姐、姐夫，还有我丈夫都是铁路职工。所以说，我是在滇越铁路和她的“守护者”——铁路工人的陪伴下出生，成长、成熟起来的。在我整整30年的人生历程中，铁路伴我一路走来，成为了我永远的记忆。回味30年来我和米轨铁路的生活，也折射了开远与滇越铁路之间30年来的一些发展和变化。”（选自龚敬《我与滇越铁路的不解之缘》，作者单位：开远市政府办公室）

“一代又一代‘米轨人’，把青春和热血奉献给了米轨，是他们成就了米轨的辉煌，成就了今后人们心中的一段难忘的神话。”（选自张锐《我和米轨》，作者单位：开远市委宣传部）

“我第一次乘火车是来开远，第一次来开远是坐火车。从此，我开始接触滇越铁路，也开始用我的青春、热情和执着融入到滇越铁路穿过的这个城市——开远！”（选自蔡维丽《第一次来开远，第一次坐火车》，作者单位：开远市政协）

……

等候

开远假日

# 十二

火车穿过埋葬着祖先的山冈，蒸汽飘荡在南盘江宽阔的田野里，东山与西山暗中退让，开远坝袒露在传统中国的余晖中，世界开始向滇南大地聚拢过来，开远这座小城，正以兼容并包的姿态，吸收并融汇着多种文明，包括欧洲（法国）、东南亚（越南）、巴蜀以及开远本地各种古老民族的文化。一时之间，这个小城名声大噪，成为三山五岳中众人竞相追逐的“乌托邦”，他们有的为了讨生跋山涉水，有的为了爱情背井离乡，有的甚至不惜漂洋过海来此扎根，成为现代开远城的早期居民。

开远市地方志专家曹定安先生著的《开远往事》中，有一篇名为《云南讨生记》的文章，是曹定安先生根据生父曹玉昆的口述整理成文的，文中记述了曹公13岁时，从四川铜梁县（现属重庆管辖）出发，经过大足、荣昌、隆昌，走了五天到达宜宾，然后沿着金沙江行进，途经云南盐津的豆沙关，一路上忍饥挨饿、翻山越岭，穿过迷雾，历经一个月的生死疲劳后到达昆明，最终辗转至开远的故事。其实，四川人移居开远的历史，可以追溯到元朝末年。据《开远文物志》记载，明朝宣德年间为开远人修筑东沟西沟的赵老祖公赵升就是从四川迁来的。赵升的高祖赵良，元时“授蜀之重庆教”，元末迁滇任梁王把匝剌瓦尔密的掌史，朱元璋攻入云南时，避乱迁移阿迷（开远）。而据《开远往事》记载，民国年间开远的四川人，以从事刻图章、理发、缝纫、开馆子、开商铺、开诊所等服务业为主。曹公到了昆明不久，就跟随同乡张恒泰到开远做学徒。那时的开远，因为滇越铁路带来的便捷，市井繁荣，经济活跃，是很多人“淘金”的理想地。张家在开远的店铺就叫“恒泰祥”，位于开远东正街南侧（原老东门处）。这间店铺是四川人在开远开得较大的店铺，也就是后来当地人称的“闷楼”，它左边就是民国时期的东门警察亭。四川人无论在哪儿，都吃得苦，且爱学习，曹公在三年的学徒生涯中，学会了两样看家本领，一是打算盘（珠算），二是写得一手好字（记账需要），就是这两样技能，让他在开远这块土地上得以安身立命，娶妻生子。1950年开远解放后，国家人才紧缺，需要各种各样的能手参与到百废待兴的新中国建设中，曹公凭着扎实的算盘功夫，很快被特招为国家干部，就这样，曹公像一棵孱弱的小树在开远的土壤和雨水的滋养下，日益茁壮起来，以致后来根深蒂固，枝繁叶茂，成为切切实实的开远人，成为曹氏家族在开远支系的源头性人物。

老街一景

邻居们

那时候来到开远的人，都是有故事的，许多不加任何修饰，即可成为精彩绝伦的电影剧本。《开远往事》还记述了另一个来到开远的人，她的故事读后让人为之动容。这篇文章名叫《从河内到洋街安家记》，也是曹定安先生根据一位名叫刘氏凤的越南女人口述整理成文的。日寇侵略越南时，河内惨遭轰炸，本地人被疏散到一个名叫撮寨的村子避难，避难者中，年仅 15 岁的越南姑娘刘氏凤到撮寨中街摆摊卖米和槟榔。1945 年日本投降后，数以万计的滇军进入河内，设置了中国战区第一方面军总司令和同盟印度支那政府来接受日军投降，中国军人多，经常光顾刘氏凤的摊子，她的小生意也越做越红火。1946 年 4 月，滇军回国了，刘氏凤摊子对面的饭馆里来了位年轻人，并在那儿租住下来，此人长相英俊潇洒，吹得一把好口琴，刘氏凤打听到他名叫周锦章，是做生意的华侨。后经餐馆老板娘介绍，两人相识并很快坠入爱河。1947 年春节，正当二人准备结婚时，却遭到了刘氏凤家人强烈反对，但刘氏凤性格刚烈任性，最终还是固执地和周锦章结了婚。春节过后，周锦章说家中还有 70 多岁的老母亲，想要回国看看，刘氏凤很快答应了。因为担心遭到家人阻拦，二人悄悄离家出走了。一路蒙混着通关过卡，从河内乘火车到了老街，可到老街后，才知道中国这边的滇越铁路已经不通车了，早在 1940 年，国民政府为了防止日军利用滇越铁路侵略云南，已下令将河口至碧色寨这一段的路轨撤除。他们只能选择步行，起先顺着滇越铁路路基走，遇着桥梁被炸毁，还得绕小路走。刘氏凤从来没走过长途，穿的又是越南凉鞋，很快就将脚磨出泡来。她将鞋脱掉走，脚被石头硌出血泡，穿着鞋走，脚被凉鞋磨得钻心痛。就这样，她一路走一路哭。到屏边后，怕遇见土匪，他们不敢再走，直到遇到很多同行人，才向蒙自出发。周锦章在屏边给刘氏凤租了一匹马，骑一天一角钱。到蒙自时，一路上与他们同行的两个大理人要和他们分别了，刘氏凤才从他们的对话中得知，周锦章是滇军184师552团秘书处的士兵，因不愿回国到东北打内战，就逃到撮寨避难。他们的话让刘氏凤很后怕，因为收容、包庇逃兵要受到很严厉的惩罚。随后，刘氏凤也和丈夫搭小火车至碧色寨，转滇越铁路火车回到周锦章的老家——开远县大庄火车站。原本说将丈夫送回国看一眼家就回越南的，可万万没想到一路会如此艰辛，如此危险，既有崇山峻岭阻隔，又有土匪抢劫，加之婆婆坚决不准走，刘氏凤只得在羊街住下来。这一住就是65年，刘氏凤后来作为越侨一直生活在开远，像她这样因为各种原因留在开远的越侨及其后代，至今还有很多。

开远近代史上曾发生过三次大的移民潮，滇越铁路开通以后，中国工业在开远得到快速发展，大批工人涌入开远。加上后来部队驻扎在开远，许多军人退伍后，选择留在开远生活，多股不同的人潮在不同的时间里涌入开远，慢慢就形成了开远市今天的城市人口。谈到开远的人口组成,就会觉得开远真是一个神奇的地方,地处边疆，地似弹丸，却拥有自己的“人类起源说”。它在位于开远老勒村的人祖庙周围，一直流传着，并曾引起包括日本、韩国等国家在内的神话学专家的重视，他们认为这对研究东南亚人类起源神话传说具有重要作用。当地老百姓如此讲述：在很久很久以前，人们生活富足，对自然却没有敬畏之心，对老年人也不孝敬，于是触怒天神，祂便引来洪水惩罚人们，在这次洪灾中，只有一对兄妹俩在白鹭鸶的帮助下，保住了命，成了人间唯一剩下的两个人。后来，兄妹俩通过占卜仪式，在神的旨意下结为夫妻，没过多久，妹妹便怀孕了，可诞下后却是一个肉团。哥哥在愤怒与惊恐中，将其剁成100块肉片四处乱扔。第二天，这些肉片竟然变成了50个男人和50个女人。兄妹俩无比惊喜，遂让挂在李树上的姓李，挂在柏枝树上的姓柏，担在石头上的姓石，晾在牛角上的姓牛，于是就有了最早的百家姓。兄妹两人教这些孩子生存技能，比如盖房取暖、生火造饭、种植五谷、畜养牲畜等，于是人类就这样一代代繁衍下来了。

此时，我不由地想到了铁凝的短篇小说《哦，香雪》中的一个片段，“如果不是有人发明了火车，如果不是有人把铁轨铺进深山，你怎么也不会发现台儿沟这个村。它和它的十几户乡亲，一心一意掩藏在大山那深深的褶皱里，从春到夏，从秋到冬，默默地接受着大山任意的温存和粗暴……”是的，如果不是因为滇越铁路，像台儿沟一样的开远将会继续深陷在生活的褶皱中，不会被翻找出来，更不会引来众多的人到此居住，成为今天繁荣的城市。

民国时期王邦商号旧址

# 十三

1940年1月初，云南高射炮大队九连在小龙潭大桥北老灰坡构置的防空工事

开远地势险要，自古以来便是兵家必争之地。清雍正《阿迷州志》记载："居万山之中，东西朔南有如列嶂，其为险也，不啻天生。且西接郡城，东连开化，南通蒙壤，北绕盘江，四围之固，他邑莫逮。慎而守之，卧理有余。"开远自元代便设阿宁万户府，统辖镇守一方。明代宣德年间（1426—1435年），州治东部设东山巡检司，万历二年（1574年）建守御城。明代和前清设关、驿、铺、塘、哨、汛作地方防卫，均设驻军分兵把守。晚清

设团练，由州府直接征调。尤其1910年，滇越铁路全线贯通之后，开远成为昆明到河内的中转大站，进可御敌，退可守疆，其战略地位越显突出。民国十四年至二十八年（1925—1949年），中华民国驻军先后达40余批，设师以上军事机关9个。1950年1月，开远解放前所有国民党军事组织逃离开远。（见《开远市志》，2015年云南人民出版社出版）

解放后，开远成为云南省重要的能源、化工、建材、食品加工基地和滇南中心城市工业经济中心、商贸物资集散地和仓储中心，开远的工业地位日趋显赫，关乎整个云南经济社会发展的命脉所在，如此重要的位置，无论是从军事、经济、民生、国防等都需要国家慎重部署，派兵驻防。据开远市政协文史委搜集整理的资料显示，中华人民共和国成立以来，在开远驻防的部队有：

1950年1月18日，南下的中国人民解放军第13军在“边纵”护乡第12、9团配合下，解放了开远；

1950年1月25日，中国人民解放军第13军军部及直属部队进驻开远；

1950年1月27日，中国人民解放军开远驻军军事代表办事处成立，军事代表分驻主要机关单位，实行全面接管，指导与督促开远生产、交通、税收等各项工作的正常开展。1950年开远县人民政府成立，军代处撤销；

1943年5月滇军十八师驻防布沼，在马街文庙留下的“收复河山”抗日标语

1950年2月1日，中国人民解放军滇南卫戍区成立，司令部设在开远，隶属于云南省军区领导；同年9月15日，滇南工作委员会成立，隶属于云南省委领导。1955年，滇南卫戍区和滇南工作委员会撤销；

1964年，中国人民解放军366部队及35419、35429、35430、35549等部队进驻开远；

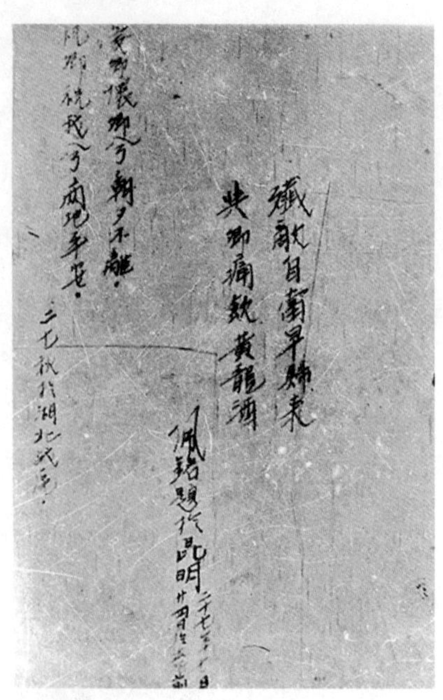

张书绅手迹

1964 年 7 月 15 日，昆明军区后勤部第 23 分部在开远成立，包括机关和所属的第一、二油料库，军需库，武器库，第 14 野战医院等，驻开远 28 年后于 1992 年撤并到昆明；

1968 年 10 月，中国人民解放军陆军第 13 军由开远调往四川（军部驻重庆），接替中国人民解放军陆军第 54 军防务工作。中国人民解放军陆军第 14 军军部及直属部队从大理进驻开远，接替中国人民解放军陆军第 13 军防务工作；

1985 年 9 月，14 军整编为 14 集团军。在开远驻防 18 年后，军部于

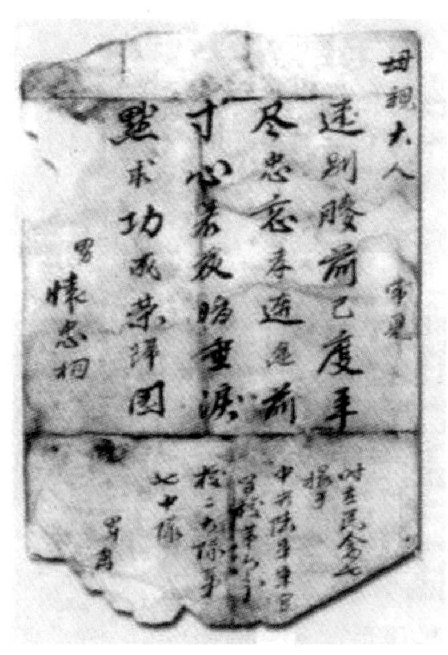

抗日战士张怀忠在抗战前线写给母亲的家书

1986 年移防昆明。1985 年 11 月至 1986 年 3 月，14 集团军步兵第 40 师从宜良大荒田移防开远。40 师前身是组建于 1937 年 8 月 1 日的“山西青年抗敌决死队第一总队”，1949 年 2 月改编后属于第二野战军四兵团，1985 年 8 月为 35208 部队，1994 年 10 月为 77283 部队。2014 年 2 月，77283 部队（原 14 集团军 40 师）整编为 77251 部队（原 14 集团军 40 旅）驻防开远。2017 年 6 月，77251 部队换防重庆，77126 部队进驻开远；

1986 年以来，驻守开远的还有中国人民解放军 35204、35308 等部队；

这些部队进驻开远后，除了完成上级军事机关和地方政府交给的剿匪、作战、救死扶伤、后勤保障、抢险救灾等各项任务，还在巩固人民政权、保卫边疆、支援参与地方建设、维护社会稳定等方面发挥了重大作用，为构建和谐平安开远作出了积极贡献。从元代至今，中央政权皆在边地开远派兵驻守，数百年来，已为开远争得“兵城”之誉，尤其在中华人民共和国成立以来，中国人民解放军长期驻守开远，军民交融，互为影响，一种区别于开远传统文明与西方现代文明的“第三种文明”悄然在开远形成了，这是一种军民共建的精神文明。最近七十年以来，许多年轻的官兵从入伍那天起就到了开远，多年的军旅生涯，让这片土地浸透着他们的青春和热血，不知不觉间，“开远习惯”早已渗透进

国防教育活动

部队官兵进校园开展活动

他们的生活中，从而使其养成对开远这片土地的认同感，以致他们退伍后，被这种“认同”与“习惯”所引领，选择留在开远，娶妻生子，做了名副其实的开远人，成为开远人口的重要组成部分。可以毫不夸张地说，现在走在开远大街上，随便叫住一人，不是军人便是军属。这些人虽然脱下了军装，成为茫茫人海中普通的一员，但因其“心灵养成”长期获得上面提到的那种“军民共建的精神文明”的浸润，使得他们及其后代大都具备一种真诚、质朴、乐于助人、不怕吃苦、不怕牺牲的优良品质，与其他人相比，这部分人总是表现得更加优秀，面对生活，更多了一份自信和从容，他们都是开远发展的主力军，更是开远在未来历史舞台上的新希望。

# 十四

我与老同学马哲 17 年没有见面了，知道他在开远，却鲜有联系。

自从 2005 年红河学院毕业后，我们便开始走上人生的独木桥，各自领受了命运，在大地上躬身而行。事实上，马哲真名叫马文卫，老家在建水，因当年在红河学院办文学社时，他给自己取了一个比较洋气却莫名其妙的笔名——亚历山大·马哲，我们都嫌他这个名字长，喊他时比较废气息，于是未经允许，便擅作主张叫他马哲了。马哲是个老气横秋的家伙，时常一副土了吧唧的打扮，偶尔还会穿“四开袋”、戴皱巴巴的军绿帽，这种打扮在当时红河学院那种美女堆积如山的地方，等同于不思进取，等同于自暴自弃，等同于破罐子破摔，甚至是不知好歹。试想恰同学少年之时，在众多风华正茂的人中，就他显得“陈旧”，显得颓然，显得“往后撤”，似乎马哲站在哪儿，哪儿就有“垮掉的一代”。所以我总认为他不是一个青年，而是一种青年的“毛边”，是来拖住我们那一代人“血气方刚”的后腿的，是来阻止我们成为“四有新人”的。马哲个子有点矮，“长高”这件事情，赖在他的身体里，一动不动，他头顶上的天空早就等得不耐烦了，一直俯视着他，等了二十年，马哲硬是没有往上蹿半毫米。走路的时候，马哲经常双手背在后，后脊微驼，脖子使劲儿往前够着，如果你和他并肩而行，前面的新鲜空气都被他提前呼吸了。可就是这样一个其貌不扬的家伙，却在我们的大学时光里一次又一次地震惊了我。

马哲的宿舍在我们的隔壁，也是每次宿管部评选出来的“脏乱差”垫底“风水宝地”。为什么是“风水宝地”呢，因为“人杰地灵”啊，何谓人杰？亚历山大·马哲也。我可不是恭维这厮，很少有人知道他低端的身躯里怀揣着一颗高配的心灵，他床位上的蚊帐一年四季都不会拉开，除了床铺中间仅有的容身之处，狭窄的小床四周几乎都摆满了各种先哲圣贤的书，而且那些书所传递出来的气息和马哲身上那种朴素是一脉相承的，对，是朴素，绝非我之前说的陈旧与土气。那些书环绕着他，拥抱着他，养着他，每次马哲要从蚊帐里出来，只会掀开一条小缝隙，仅仅容得下自己穿过，这个过程就像是那个蚊帐、那些书妊娠了他，孕育了他。上苍有好生之德，让他相貌平平而又才华横溢，我在他身上看到了神在造人时的公平与苦心。接触几次后，知道马哲在我们学校创建了红河文学社，并主编了一份社刊，我有幸在那些社刊上多次读到过他的散文，幽默诙谐、辛辣讽刺，行云流水般的叙述中时常绵里藏针，夹枪带棒地鞭笞着种种不良社会现象，颇有几分鲁迅风韵。他乐于以“批评是一种爱”的方式与社会共处，马哲活在我们中间，就像他老家建水街边上的一口老井，沉默、深邃，才情如井水般干净与清冽，时常从他幽深的灵魂深处汩汩而出。

七孔桥

毕业之后，马哲去了开远，在小龙潭山区任教，那地方交通不便，一个星期才赶一次场，平时也都只是吃点干菜、洋芋、咸菜之类的，面对这种寡淡的生活，马哲没有哀叹与抱怨，而是别出心裁地学起了当地的农民，上山采野菜，钻草捉虫子，全然不像一位端“铁饭碗”的乡村教师，这让我想起被贬后的苏子瞻在岭南和儋州的日子，时而食山野之味，时而披日月之光，远离庙堂之后，反而获得了一份山野之趣，怡然自得，好不自在。自古中国文人“性本爱丘山”，每当生命在历史与宿命的漩涡中发生触礁时，大多会有三种去向，一如屈原，飞升入天；二如陶潜，采菊东篱；三如东坡者，贬谪荒野，又被荒野所接纳，“长风猎猎入襟怀，四望无碍放眼开”，因获得宁静与自由，生命重新舒展，从而长成人类文明史上的参天大树。显然，马哲不能像苏轼那么超脱，但骨子里也是“爱山丘”的，于是受惠于大地的恩赐与馈赠，他能在小龙潭山区寻找到的美味就多了起来，比如野菜有荠菜、节节高、芭蕉花、玉荷花、灰飘菜、蒲公英等，山味有蚂蚱、蜂蛹、小白鸡等，很多都是开远人今天招待客人的上等佳肴。开远人热情好客，马哲在乡村教书的时候，就经常会被学生家长请去吃饭，有一次人家告诉他，说要吃“小白鸡”，马哲闻之暗自窃喜，心想有鸡肉吃啦，又可以打牙祭啦。可没想到在开远，小白鸡却是一种形如蜂子的白色小昆虫，但令人惊喜的是，这种小白鸡用锅焙干后，再用热油炒一炒，待到其色如金、晶莹剔透之时起锅，一盘下酒的绝佳上品即可端上餐桌，嚼在嘴里，软味酥香，倒让人将那真正的鸡肉之味远远地抛诸脑后了。

壬寅仲春，我因到开远采风，得以和马哲相见。他在酒店楼下等我，我走出大厅，却始终看不见他。倒是在我对面的车里，坐着一个风尘仆仆的男人，他在低头玩着手机，我慢慢走过去，试着往车窗里探望，殊不知一颗黑乎乎的头颅在黄昏中突然抬起，我们四目相对时，惊呼着喊出对方的名字。17年没有见了，两个年近不惑的男人十分激动地撬开时间的废墟，从记忆深处救出了彼此。马哲下了车扒着我肩说，“哦，伙计，我老啊，你还之份儿年轻。”时间是一面不靠谱的镜子，它会让后来的人在镜中看见年少时的自己。我不会受骗，我想是因为出门前我洗了个澡，剃了胡子，换了身干净光彩的衣服，看起来精神一些而已，但我知道时间的重力压榨过我的身体，马上进入不惑之年的我已经不再年轻。马哲才从乡下返城，他在开远融媒体中心工作，已被单位派出干了六年扶贫，平时不修边幅，所以看起来灰头土脸的，甚至有点沧桑了。

那晚马哲约了开远本地几位写作者与我喝酒。我们一杯接一杯地喝，似乎要把这十多年所缺席的酒全都补上，虽然已经多年没有读到他的作品了，但看得出他还是开远文学圈的关键人物。酒酣之际，我在众人的怂恿之下，尽然扯着嗓子唱起了歌，马哲也从怀中取出一把口琴，摇头晃脑地伴奏起来。但通常是我唱东，他吹西，驴唇不对马嘴，往往我都唱到一首歌的副歌部分了，他的琴声才紧追慢赶地跟上来。可尽管如此，我和马哲也都陶醉在“琴瑟和鸣”的酣畅与淋漓中，我知道，这并非是我们的合作有多密切，而是青春的火车上，我们曾经同行，多年同学的深情厚谊在缘分中再次被拂尘，它像湖面上的阳光一样，返照着我们的心灵。

# 十五

开远说要有光，于是滇南大地便有光了。

1921年，阿迷通明电灯公司建成发电，供城区照明用电，开远便成为云南最早使用电灯的城市之一。四十多年后，开远发电厂的建成，更是最早成为了照进百户千家的光明之源，是为我们扒开漆黑岁月的力量。站在城市的每一个角落，皆能看到开远城西南路，三根粗壮的烟囱直插云霄，在周围松柏和凤凰木的簇拥下，一座红色的楼房拔地而起，那便是曾经的开远发电厂旧址。开远发电厂是燃用褐煤的发电厂，锅炉的烟气分别由三座烟囱排放，一号烟囱为一期工程修建，1955年12月落成，高60米，口径2.5米；二号烟囱为三期工程修建，高60米，口径3米，1961年投入使用；三号烟囱，高60米，口径3米，于1973年5月竣工。开远发电厂是国家第一个五年计划的产物，属于苏联援建156项重点工业建设之一，工程代号192，于1955年开工建设，从1966年建成投入生产，到1998年6月停产。该厂在建成后的30多年中，极大地促进了边疆民族地区工业经济的发展，为国家创造了大量财富，为我国以及越南老街电力工业的发展培养了一大批专业人才。1958年至1959年，我国为越南老街电厂培训了34名技术人员，为了支援其他地方的新厂建设，先后抽调1121名职工到全国15个省的161个电力单位工作，体现出建国初期社会主义建设者团结奋斗、艰苦创业的精神特质。我曾读过电厂梁炳星工程师填的词《江城子·开远发电厂退役有感》：

开远发电厂旧址

青春无悔寄泸江。历沧桑，铸辉煌。半纪春秋，献尽热和光。更是缤纷桃李艳，花结籽，树成梁。新株茁壮老株旁。看群芳，自心康。昨传喜报，新厂奠基忙。料是明朝炉火处，新世纪，绽新芒。

他以一种激情昂扬的抒情调子写出了开远电厂人对青春无悔的怀想与“新世纪,绽新芒”的展望。但事实上,我深知作者没有写出的部分才是他内心最真诚最动人心魄的,我在“半纪春秋,献尽热和光”中读到了一种难以言说的悲壮。开远发电厂从投入生产到停产,32年的岁月,横跨了多少人一生最宝贵的时间,留下了多少人美好的青春和记忆,以致后来它停产了,工人们离开后,心里仍然装着难以言说的不舍与忧伤。

电厂砖墙是红色的,院墙上裸露着植物的根须,有些时间了,它们在寂静中生长,在废弃的屋顶上生根,它们的根须沿着墙上的裂缝摸索而下,在即将接近窗台或墙根时突然停住,或者转向别的地方,别的缝隙,别的幽暗之处。厂房旁边,树冠如伞,枝叶搭建的穹顶悬在林荫道上空,构成一条静谧的通道,有风轻拂,林中挂着的蜘蛛网上,几片干枯的树叶微微晃荡。曾几何时,这条路上人声鼎沸,而此时,它更像一条寂寞的产道,除了寂静之外,还有一个时代落幕后的冷清。

开远电厂大礼堂旧址

开远电厂工会旧址

宽敞的厂房空置在无人的郊野，墙面与地板早已斑驳或被捣毁，来自四面的光线从窗户或者墙洞中照进来，一束一束的静置在空荡荡的厂房里。遥想当年，机器的声音、员工的嘈杂，强大的电流传递出来的轰鸣，各种声音掺在一起，形成茂盛的喧嚣，它回荡在发电厂的每一个角落，声音的微颤反复擦拭着砖墙、窗台、发电机、锅炉等，即便旧了，也能在时间的洗刷之下泛出磨损的光泽。而现在，它安静下来了，成为工业旧址，成为一个时间的暗瘢浮现在时代的脸谱上。许多大型机器已经搬走，安装台上的螺丝裸露、松动，在自己原来的位置上生锈、报废，一天天无

用下去。多年的风吹雨打，窗子上的玻璃在某个夜晚突然开裂、破掉，从三楼的窗子上像冰块般坠落，一块块碎掉的玻璃，散落一地，每一块玻璃的四周，都有身体向外裸露的刀锋。用钢铁焊成的梯子在红墙上盘旋而上，它一直空着，像寂寞攀援着天梯，像一种虚无踏空在更大的虚无里。成为遗址之后，这一片就断电了，当年为整个滇南带去万家灯火的地方，一到晚上便陷入漆黑的深渊中，即便是在白天，厂房里也是幽暗的。空间太大，阳光难以撑开它，尤其上下楼梯的走廊，如果没有电筒，甚至无法通行，走在其中，容易想起多年前亮堂堂的屋里突然停电后的夜晚，人们凭借熟悉的声音，辨别身边的人。

开远电厂工会旧址

开远电厂旧址

据开远市文化体育和广播电视局原局长陈秋圻介绍，开远发电厂的旧址不会拆除，它将被改建为工业博物馆。我觉得这个想法特别好，中国对工业遗产的理解和保护都还处在初级阶段，世界上有很多地方，包括中国的很多城市，都有将废弃工厂改建为艺术区、美术馆、博物馆甚至酒吧之类的成功案例，比如德国鲁尔工业区，如今已被改建为科学公园，院内保留了炼钢厂、煤渣山等生产旧址，工业区内配套建有咖啡馆、酒吧、美食街等，吸引了全世界不少游客；比如意大利都灵工业遗址改建成公园，原工业区域中的金属冷却塔被保留，所在区域被改建成现在的公园广场；比如位于意大利都灵市的灵格托工厂，被改建为时尚、豪华、现代化的酒店；比如原国营798厂等电子工业的老厂区所在地，经由当代艺术、建筑空间、文化产业与历史文脉及城市生活环境的有机结合，成为了北京都市文化的新地标，此外还有南京晨光1865创意园，中山岐江公园等等，可以说，通过实物展览，将开远的工业史甚至是新中国成立之后的工业文明史固化下来，将为中国工业做出贡献的人们的记忆保存下来，也是给后辈子孙认识来路的机会，工业博物馆的建立，是在时间中寻找工业文明的化石，是给予几代人记忆复活的机会，是那些生锈的螺丝、机床、冰冷的钢铁留在这世上的最后一丝温情。

开远电厂发电车间旧址

滇越铁路穿过开远，给这个城市开启百年工业文明之光带来了得天独厚的优势，如今工业迎来转型，我们可以很快建立新的工厂，但无法建立历史带来的沧桑与厚重，无法建立有关工业的乡愁与记忆，结合百年滇越铁路与连片的工业旧址，随着工业城市的转型升级，工业遗产的改造与利用，打造工业遗产旅游，想必可以成为开远未来发展的又一种际遇。

# 十六

青年路片区商业步行街是开远城最热闹的街道之一，和新建的那些商业街不同，这里曾经街道拥挤，房屋陈旧，甚至有些颓然，悬在街口牌坊上的“青年路片区商业步行街”几个烫金大字格外醒目，走进商业步行街，能看出许多工业文明时代的旧痕，开远的来路就折叠在这些旧事物中，它就隐藏在几块摇摇欲坠的瓦片上，隐藏在某栋年久失修的小楼里，隐藏在某家封着铁栅栏的窗口后，或者隐藏在某棵叶片低垂根须绽露的老榕树下。商业步行街狭窄，但它不是一条单独的街道，而是由东南西北几条小街巷围拢而成，每条街巷两边商铺林立，开着服装店、鞋店、化妆品店、理发店，冷饮店等；有的商铺前，用竹竿撑起胶纸雨棚，摆满了各种小摊，卖水果、卖日用百货，甚至卖柴米油盐，这地方仍然维持着开远的市井生活，维持着一个尚未被拆除或粉饰过的人间。围绕在这个片区商业步行街周围的高楼和川流不息的街道，似乎就是为了完成“百川东到海”的壮举，来这儿热闹，来这儿喧嚣，来这儿接踵摩肩，来这人挤作一团，有时需要侧着身子，才能在迎面而来的人群缝隙中穿过。这里市井地道，人声嘈杂，空气中不时飘荡着烤肉串、炸鱿鱼的香味，步行街似乎还不需要优雅，它是典型的实用主义，没有肯德基、没有高档的咖啡店，有的是十块钱一碗的米线或炒饭，小菜自取，凉拌海带、泡菜等管饱，顾客也都是周围的老百姓或者乡下进城务工人员，有时趿着拖鞋，穿个大短裤、披着一件老衬衫就进店来了，吃了一抹嘴出店去，什么时候扫码付的款，老板或店员概不追问，任你来去自如。如今的商业步行街经过城市更新改造后，没有了往日的热闹。

青年路片区商业步行街有着传统中国最真实的街坊生活，是现代阿迷的缩影，若干年来店就这样开着，街坊邻居就这样自由散漫地活着，有时店老板摇着扇子扑一下苍蝇，忽见店门口走过熟悉的身影，随口一句，“徕尼克？”（开远方言，去哪里）对方神秘兮兮地使了个眼色，别人啥都不知道，店老板却马上明白，又追问，“你去阿尼尾根酿？”（开远方言,你去那里找什么）对方“哈哈哈”的笑而不答,但店老板却早已心知肚明,“阿磨喔！一天白嘴张辽呢,几年了喜酒嘛还喝不着。”（阿磨喔，开远方言，叹词；白嘴张辽，意指满嘴白话、尽说谎话）像我这样在红河州生活过几年的顾客，多数能听懂本地方言，店老板的话，让人不禁莞尔，我嘴里啜着米线，心里却已将他们没说出的故事梗概捋了一遍，必定是这人看上某位姑娘但又不好意思向人家表白。这是方言的神秘，它从古老古代开始，在街坊寨邻中，以独有的发音和腔调口耳相传着，可这一次，它却像一种密码，在南来北往的万千食客中，被我获悉并破解了。开远方言听起来亲昵、婉转，就像一种语言血液，它流经我的身体，让我走在人头攒动的步行街，没有因为陌生而心存防备，反而像个本地人，多了许多从容与自如。

开远青年路商业街

在青年路片区商业步行街众多摊位中，有个占地面积不足两平方米的小书摊引起了我的注意，我在那儿驻足良久，带着好奇，我想看看，在这熙来攘往的人群中，有没有人会为这个书摊停下脚步，如果有，他应该是个什么样的人。事实上，等了很久，我并没有等到这样的人出现。我来到书摊边上，随手拿起一册泛黄的旧书，边翻边问摊主，“生意怎么样啊？”他一边整理书摊，一边说，“还可以，维持得下去。”

“摆书摊多久了？”

“十多年了吧”

我突然感到诧异，他书摊上的旧书，都很常见，且多数还是些刊物杂志之类的，竟然有人光顾，让他“维持得下去”，还一摆就摆了十多年。可是，真正让我惊叹的是接下来发生的事。他从摊儿上找出几本书及杂志，翻出一些诗和散文，告诉我说是他写的。这让我越发好奇起来，甚至有些激动，我在那些散发着霉味的书页中，读着他滚烫的文字，都是写作之人，竟然让我萌生一种“他乡遇故知”的奇妙境遇，毕竟写诗与淘金的人数相比，绝对是一个渺小的数字，要遇上，并不容易。他用口语写作，在同代人中当属比较现代的，我读他发表在《边疆文学》1991 年第 7 期“庆祝中国共产党成立七十周年”征文特刊上的诗歌，如此写道：

爷爷认识你 / 是沉睡中 / 被南昌夜空 / 那声炸响惊醒后 / 在你的旗帜下举起拳头 / 一直跟你南征北战 / 直至生命进程的终结 / 父亲认识你 / 是朦胧中 / 从人生的天秤上 / 扑入你的怀抱 / 在大树的行列 / 为大地无私的奉献 / 那场“红色”风暴 / 袭击了那片茫茫林海 / 却袭击不了他对你的信念 / 我认识你 / 是从爷爷的胡须中 / 从父亲的足印里 / 从历史教科书内 / 在世纪的政治风云下 / 于是 / 我长大了好多好多 / 珍藏起牛背上的童趣 / 步入了绿色森林成为毛泽东思想大学的学生 / 在历史的回音壁上 / 我听到十月革命的炮响 / 听到李大钊的呐喊 / 听到八 · 一的枪声 / 听到井冈山松树炮 / 听到遵义城进军号 / 听到泸定桥血流涛声 / 在历史的照妖镜下 / 看见日本鬼子在狞笑 / 看见蒋介石的鬼脸 / 看见叛徒的卑鄙手段 / 看见骗子的肮脏阴谋 / 我才深深地懂得 / 不容易

啊 / 如果没有你 / 中国将永远是一枚青果 / 昨天 / 斧头砸烂一个旧世界 / 镰刀割出一个新乾坤 / 今天 / 斧头修出枯枝败叶 / 镰刀割着丰硕果实 / 我坚信 / 你将更纯更坚更伟大 / 人民永远把你珍藏在心底

这是典型的政治抒情诗。它的宏大叙述与内容呈现几乎让我猜出了作者的经历。没错，他参过军，打过仗，负过伤。他戴着军用迷彩帽，上着黄色开领长袖 T 恤，下穿军绿色长裤，虽已年近古稀，但身子骨仍然健如壮年，且精神硬朗。知道我也写诗时，他便不由地炫耀起来，滔滔不绝地给我讲述他的诗歌，并找来著名诗人贺敬之写给他的书法“风卷红旗过大关”，说到激动处，还向我一一展示他收藏的小物件，有老英雄钢笔、邮票、子弹壳、领袖徽章等。他还有很多发表过的诗歌，转身去找给看，我跟随他进入一条逼仄幽暗的小巷道，那巷道进深有十多米，从入口到尽头，两边层层叠叠堆满了各种报纸、杂志和旧书，有的是几十年前出版的了。他在一间杂乱不堪的屋子里窸窸窣窣地翻找着，而我站在那些旧纸堆里，看到巷子入口处的光，虽然只是一小团，却像一首诗，盘踞在心灵深处，正等待着像我这样的人，将它从身体里掏出。当书摊主人理直气壮地告诉我，他摆旧书摊不是为了赚钱的时候，我更加明白了，写作对于生命的意义，即便身处僻壤、闹市或孤独之境，它也会引领我们在喧嚣中获得宁静的安抚，或抵达遐思飞扬，神游万古。

我喜欢在青年路片区商业步行街逗留，一个原因是它的人间烟火气，再就是这里还住着许多平凡而又有趣的人。他们是开远的根，有了他们，开远这个地名才能在滇南大地上扎得深，站得稳。除了这位摊主之外，我还在这儿认识一个烧烤店老板，姓啥名谁就连他的朋友们都忘记了，只晓得大家都称他“老九”。老九长得清瘦，额头饱满亮堂，留着髭须与长髯，看上去有几分古风，容易让人想起杜甫。开远市政协蔡维丽说，老九以前经常穿着长衫烤豆腐，我脑补过这个画面，忍不住差点笑出声来。老九话不多，问一句答一句，没人问他就沉默着，听见感兴趣的话题了，才会在顾客间插上一两句。其余时候，老九就跷着腿，坐在烧烤摊前，用筷子翻捡着烤架上的豆腐，那些拇指大的豆腐点，一倒上烤架，不多会儿便会从干瘪变得浑圆涨鼓，有的还会“啪”的一声绽开，随着风一吹，站得老远的人都能闻出这是老九家的烤豆腐。几十年来，老九家烧烤摊换了几个地方，搬到哪里，顾客就追到哪里。我感觉老九烧烤摊，很像武侠小说里的茶馆，是江湖接头或武林信息发布与扩散的地方。很多人一到中午，就来到老九家烧烤摊前，沽二两酒，买上几点烤豆腐，认识不认识的，一旦坐下来，都能聊到一处。尤其天气热的时候，吃上老九家一碗冰镇的甜白酒，再佐以几盘烤羊肉，这等日子便赛过活神仙了。我问旁边喝得醉醺醺的老汉，你在老九家吃了多少年烤豆腐了？他吧嗒着舌头，语音含混，但能听清，“记不得了，小时候就吃起。”这时候老九接过话，“五六岁有印象了，他就在我家吃烤豆腐，我现在五十六了，他还在我家吃烤豆腐。”众人闻之，哈哈大笑起来，那老汉却神情如故，端着半杯酒，愣了一下，又啜上一口，老九也难得的露出一丝笑容，红嘴白牙在乱蓬蓬的髭须长髯中漏出来，就像草丛中，突然跃出一只受惊的大白兔。比较有意思的是，老九的烧烤店门头上有一副对联：“愿在街边卖豆腐；不在深山当地主。”我想，老九只是不太爱说话而已，内心却是丰饶之人，有了这副对联，他就不再是一个单纯的烧烤店老板了。豆腐摊儿不足三四个平方，却能让无数的人在这里放飞自我，有的甚至数十年如一日，或许，真正吸引大家的，并非烤豆腐，而是一种肉身与心灵卸下挂碍的状态，一种自在的生活。

对，自在，自己在着。青年路片区商业步行的很多人，身上都有这种难得的松弛。

# 十七

我再次抬头仰望天空，它像重新被清洗过一样，瓦蓝中透着晶莹的光泽，万里晴空，仅有几丝白云飘过，辽阔、深邃，与澄澈在我的头顶上展开，蓝是天空之仁，我在人世的仰望中，怀着一粒灰尘的敬意，安顿中获得的自由与散漫，源于天空的恩赐。早在十八年前，我像个流浪者，曾驻足于开远片刻，我对开远的最初印象，停留在灰色低垂的天空、烟囱上蒸腾的浓烟、黯淡的植物与建筑，以及空气中不时飘荡的异味。而此时，站在解化厂的院子里，我不敢相信，这些年，随着开远人生态意识的逐步提高，诗意地栖居，人们对高质量生存环境的要求与渴望都变得更为强烈，当地工业发展在寻求转型之路。据说解化厂已经完成新的选址工作，很快也会迁到小龙潭，开远“化工围城”的问题将得以解决。阳光从凤凰木的枝叶间散落下来，斑驳的树影落满宽阔的水泥路，路边停满了来自全省甚至全国的大型载重车辆，它们在等着，将尿素、化肥、硝胺酸等输往各地，而我的耳畔，仍然连绵不绝地传来厂房里机器运转的声音，从1963年4月开始，它从未间断过……

解化厂第一任厂长张兴华

解化厂是驻昆解放军化肥厂的简称。云南是个多民族省份，有26个世居民族，边防线很长，为巩固国防，1958年，中央军委命令解放军第三步兵预备学校全体官兵脱下军装，集体转业到地方，建设化肥厂支持农业。第三步兵预备学校校长张兴华和政委王裕民接到命令后不久，便与时任中共滇南工委委员、开远电厂党委书记谢森同志在招待所开了一天会，研究如何将军委对建设解放军化肥厂的命令和指示落到实处。会议作了分工，三人分头行动，一是由张兴华校长亲自去北京向军委汇报，并请求帮助解决建厂难题；二是由王裕民政委回安顺向全校官兵传达军委命令以及昆明军区的指示；三是由谢森副厂长负责成立解化厂筹备处，开展建厂选址工作。

解放军一个师的编制，集体转业搞经济建设，这是创举，但当时云南省内工业欠发达，工业产品不齐全，基础设施比较薄弱。省里没有资金支持，光靠昆明军区筹建化肥厂，难度非常大。据《记忆解化60年华诞文集》中部分早期解化厂建设亲历者回忆，张兴华校长到达北京后，首先向时任化工部长彭涛同志汇报了工作。彭部长也很犯难，虽想支持军委建厂，但手里没钱，新中国才成立不久，百废待兴，很多省份都到北京去寻找资源，建厂需要排号。关键时候，张兴华校长急中生智，硬着头皮向彭部长说了掏心窝子的话，他从小出来参加革命，跟着毛主席上井冈山，过长征，至延安，出生入死，是毛主席身边的警卫连战士，后来又因革命需要，调去苏北新四军，皖南事变后，转到东北，为北满开辟了根据地。抗战胜利后，又为攻打四平立下汗马功劳，后来当了师长。如今到了云南，授命支援农业，保卫边疆，巩固国防，造福百姓，带领“三预”学校全体官兵转业办厂，如若不成，回到云南何以面见江东父老？张兴华校长情真意切，打动了彭涛部长，并在他的建议之下，争取到了政治局书记黄克诚的同情与支持。在黄克诚的帮助之下，张兴华校长在中南海见到了毛主席，当时刘少奇同志与朱德总司令也在场。毛主席在听取了张兴华的汇报之后，当即肯定了解放军转业办厂这件事情，“我看，解放军一个师集体转业办个厂子，排在第一，可以吗？”一旁的朱德总司令马上也表态了：“要优先上马。”刘少奇随即也说：“我给各部门打招呼。”就这样，张兴华校长争取到了中央的支持，用如今开远解化厂工人的话说，就是毛主席亲自为解化厂开“后门”。计划经济年代，物资匮乏，生产、建设、生活所需物资等都需要按照计划分配和供应，刘少奇同志特批解化厂为“特供单位”，1958 年 8 月指示国家计委从计划外拨给解化厂 2000 吨建厂钢材。也是 1958 年夏天，中央书记处总书记邓小平同志来云南视察工作，听取了省委和省军区关于部队支援地方建设的汇报后，小平同志在肯定了部队建设化肥厂支持农业的同时，指出解放军是全国的，不是地区性的，建议把原定的解化厂名称“云南解放军化肥厂”中的“云南”二字改为“驻昆”，最终“驻昆解放军化肥厂”的名称便因此而确定。1962 年 6 月，朱德总司令甚至不顾高温酷暑，专程到开远，亲临解化厂建设一线视察工作，给全厂职工、家属和全国化肥战线的转业军人们带来了极大的鼓舞。

1958年5月6日，解化筹备处召集选厂工作预备会，同时成立以谢森同志为组长的选厂工作组，其中包括了土建、供排水、供电、工程地质、地形测量、施工安装、设计预算、卫生防疫等各行技术人员14人。选厂工作组用了6天时间在开远、弥勒、华宁、宜良4县踏勘了8处厂址，经多个部门联合召开厂址讨论会，多次论证比较后，开远石坊村因铁路专用线、水源、土方工程量、公路修建、城市协作等方面的优越条件被确定为最终厂址。厂区占地面积约40公顷，东起泸江边，西跨滇越铁路（昆明至河口）至山坡，南跨开文公路（开远至文山）至二级批发站，北到十里村。在历史的天平摇摆之时，滇越铁路为开远的最终获选压出了一个重要的砝码，为开启开远工业文明时代，铸造地方经济辉煌发挥了至关重要的作用。建厂初期，在缺少大型施工机械的情况下，大都利用人力，凭着铁锹和箩筐，数百工人硬是修出了解化厂中心主干道，拓宽开远汽车总站至小花桥的公路，架设解化厂大门外的临时桥，保障了运输的需要。经过采石场碎石、厂区挖土方、泸江边捞河沙、753工程会战、抢建拦河坝、753排气筒吊装土法上马等工作后，历时近5年，驻昆解放军化肥厂终于在开远建成，很快结束了云贵高原不能生产化肥的说法。

建厂时场景

解化厂的建成，离不开滇越铁路带来的运输优势。

据闻，解化厂的设备，一部分来自前苏联，另一部分来自第二次世界大战中国作为战胜国的利益——接受部分德国机器设备并通过滇越铁路运达解化厂。关于怎样运输特大设备到开远的事情，在当时是一个极大的难题，所有建厂工作，已经到了只有安装上大型设备才能继续开展的地步，而那时贵昆、内昆铁路尚未修通，一时之间，摆在眼前的运输困难成了建厂工作难以逾越的障碍。1958年春，原解化厂职工熊鳌被单位派去沈阳负责解化厂设备订购工作，厂里多次发来电报，要求其尽快解决运输大件的难题，并增派人手到沈阳协助办理运输工作。十万火急啊，熊鳌和同事刘健康多次分析，从沈阳到开远，对水路和陆路、途中要经过的桥梁负荷量、弯道、隧道、坡度、山势地形以及设备尺寸等进行了全方位考量，最后确定唯有滇越铁路才是运输大型设备的唯一选择，经“广西凭祥—越南同登—越南老街—云南河口”路线抵达开远，由此路线，运输大型设备的工作总算有点希望了，但滇越铁路轨宽才1米，难以通过超宽超长甚至是超高的设备。他们分析认为，滇越铁路依山蜿蜒而行，许多地方弯急坡陡，转弯半径小，对超长设备的运输制约较大，而在解化厂的这批设备中，只有压缩工段的22.5米长的双梁吊车最长，且双梁不允许有接缝，不能分割，如果这个设备能过，其他大件皆可以通过分割、分段、拆解、变形通过。经过全面分析后，最终确定了所有困难的焦点集中在如何运输22.5米长的双梁吊车这个问题上，熊鳌和刘健康分头行动。熊鳌去东北制造厂确认设备的最大装载尺寸，并记录好各种数据，逐一汇总成一个设备特大运输尺寸表，拿去向中、越铁路局申报运载。刘健康去北京向铁道部国际联运总局汇报，并亲自到广西凭祥考察越南方面的涵洞、桥梁数据等，由于当时正处于越美战争期间，很多数据都涉及保密工作，刘健康在北京和凭祥逗留了一个多月一无所获，运输大型设备工作不得不再次搁置。正当二人陷入绝望中时，无意之中，熊鳌与大连起重机厂一位老师傅聊天时，他为本次大型设备运输贡献了自己的智慧，老师傅建议，请厂里做一个双梁吊车模型运送到开远，如果路上无损，真的双梁吊车就能通过。凭着这个方法，在中越双方铁路局的合作下，设想硬是变成了现实，滇越铁路特大设备运输的难题就如此被解决了。真正的大型设备运输开始时，熊鳌更是异想天开，软磨硬泡，找相关领导，跑铁道部，与越南方商谈等，最终拿到“一票批运令”，中越双方共同为其签署了这道批运令，“凡解放军化肥厂物资，经凭祥—同登，老街—河口的货物，只要在下述数据内，经发货人、生产制造厂家、发货车站站长三家确认签字后可免审免批发运，也不受停装令的影响。”有了这道令，各种程序全部简化了，大大缩短了运输时间，立即解决了解化厂特大设备的装载发运问题。接下来就是运输最重要的工作——押运。回忆起押运大型设备运输的事情，熊鳌在多年后的回忆，仍然认为那是一件“谁都害怕”的事情。熊鳌后来在回忆文章中写到，“沈阳组是一条龙作业，谁催交就由谁押运，用不着摊派。厂里考虑我们任务太重，经常派专人来押运。

正因为这个任务太艰苦，我是负责人，第一趟就由我亲自尝尝是什么滋味。”熊鳌从齐齐哈尔押运高压套管式水冷凝器去凭祥，当时是寒冬，齐齐哈尔零下 42℃，而处于亚热带的凭祥却有 28℃，两地相距 7000 多公里，不到终点不能下车。本次押运，数不清换了多少车次，经过了四平、沈阳、天津、郑州、武昌五个全国最大的铁路枢纽站，货车一进编组站就甩掉守车，拉上驼峰脱钩、解体、溜放、重新编组、改车次，且站内铁路路线密集，加之人生地不熟，熊鳌押运压力很大，生怕设备丢了，时常背着衣物和吃饭的工具到处飞跑，有时跑出站外给家里或者厂里发个电报，回来火车已经走了，他还不得不买客车票去追赶。慢慢地熊鳌也找到了一些经验，只要下站是个大编组站，他就找机会钻进自己的货车里，货车被拉到哪儿他就跟着去哪儿，有时白天夜晚待在高帮敞车里。就这样，熊鳌跟着火车总共走了 27 天。据他的回忆文章记录，从凭祥下车后，自己狼狈得像个“叫花子”，就凭着一颗红心，挨冻、挨热、挨饿、操心、着急，换来设备万无一失地送抵目的地，而这一切，若非军人敢于吃苦耐劳、不怕牺牲的精神为支撑是难以做到的，解化厂的最终建成，离不开若干个像熊鳌这样的人。

数十年以来，解化厂的落成和投产，让众多企业家、工程师、优秀的技术性人才从这里走出去，为中国经济和工业输送了众多人才，筑牢和夯实了开远作为中国工业重镇的地位。正如吴兴帜在《开远：一座火车拉来的城市》中所言，“开远工业的发展，已形成了一个比较完善的工业产业生态链，以滇越铁路为基础，拉动了小龙潭煤矿的发展，交通与资源的便利，为水力发电与火力发电提供了基础条件，而电力作为一种新型的能源，解决了后来的糖厂、化肥厂等动力问题。”道不可阻，我在小龙潭工业园区采风期间，看到的热电汽循环项目就是开远工业产业生态链上的重要项目，也是开远工业转型成功典型案例。热电类工业产生出来的蒸汽是豆制品生产加工过程中必不可少的资源，小龙潭工业园区的汽价可以低至65元/吨，是引进企业的最大优势。

解化热动力厂员工李佳曾填词《水调歌头·解化魂》感慨，“解化辉煌史，须知创业难。昔日尘土三尺，有风不见天。饥食粗粮野菜，渴饮浑浊河水，汗洒泸江边。风餐露宿苦，换来今日甜。守业人，奋图强，永争先。破旧除陈，敬业创新信念坚。笑对沧桑砥砺，勇迎竞争巨浪，无畏苦与艰。风雨六十载，今又谱新篇！”六十多年过去了，泸江的水仍然流淌着，岸上的芦苇和青蒿，委顿与蓬勃，反复见证着一代又一代解化人，从他们的青春和热血中，萃取着翻新时间的动力。解化厂工人老吴陪我在厂里闲逛时说道，“我每天上下班绝不迟到和早退，进厂前先把衣领理顺，厂里平时也这样要求工人们，解化人虽然脱掉军装几十年了，但军魂不能丢。”老吴说这话时，声音有些激动。目光掠过老吴黝黑的脸膛，我再次望向他身后巨大的烟囱，几缕青烟游丝般飘荡在广袤的蓝天下，随着开远工业园区迁往小龙潭，这些烟囱和厂房很快也会被拆除，开远石坊村最后的工业遗迹，就像当年缔造它的“三预”学校的官兵们一样，退出一个舞台后，又在另一个舞台上，拉开序幕。

璀璨夺目

# 十八

如果没有滇越铁路，开远的现代化进程就不可能取得日新月异的变化，作为云南工业重镇的开远，也不可能有今日的地位。以下一组来自开远政协文史委整理的数据，可以充分说明滇越铁路在整个开远现代化建设中不可取代的地位。

根据解化厂已故老前辈熊鳌生前回忆，查到了在解化厂建设的历史上，曾有下面几个纪录：

1. 合成车间的合成塔，长13.6米，重62吨，从吉林北站发出，在广西凭祥进入越南，通过滇越铁路经越南运达开远，行程7000多公里，只用了20天，创快装、快换、快运的纪录。

2. 压缩工段的双梁吊车，长22.5米两头加游车，不少于5个以上平板火车皮的长度。成一条线，穿过滇越铁路的山洞、桥梁、陡坡、急弯，创造运载超长物资的纪录。

3. 总变电所的20000千瓦时变压器拆除瓷瓶、散热管等附件后，油箱的高度还有3.25米，写下了滇越铁路运载超高物资的纪录。

4. 造气车间的煤气发生炉、灰底盘直径为2742毫米，只能平摆着运，创造了超宽物资的运载纪录。

5. 红旗牌压缩机用的1800千瓦电动机，定子是分两半拆开，才运回来的。

6．高压的套管式水冷凝器，2月份从齐齐哈尔发运，温度是零下42℃，到广西凭祥是28℃，温差为70℃。有一个押运员在守车里待了27个日日夜夜，挨饿受冻受热，还要每三天找电报局发一个电报回家，创押运艰辛纪录。（开远市文史资料第七辑，第65-75页）

下面是云南解化清洁能源开发有限公司解化化工分公司提供的几组数据：

（一）2008年通过滇越铁路火车运输903车（27090吨）物资：

1．硝铵325车（9750吨），其中56车（1680吨）出省269车（8070吨）出口越南；

2．尿素307车（9210吨），全部省内销售；

3．硝磷酸铵68车（2040吨），全部省内销售；

4．亚硝酸钙50车（1500吨），全部省外销售；

5．硫酸铵16车（480吨）全部出口越南；

6．复合肥137车（4110吨），其中60车（1800吨）出省销售、77车（2310吨）省内销售。

（二）2009年1月至10月，火车运输657车（19710吨）：

1．硝铵192车（5760吨），全部省外销售；

2．尿素319车（9570吨），其中133车出口越南（3990吨）186车（5580吨）省内销售；

3．硝磷酸铵32车（960吨），全部省内销售；

4．亚硝酸钙2车（60吨），全部省外销售；

5．硫酸铵86车（2580吨），全部出口越南

6．复合肥26车（780吨），全部省内销售。

（三）2008年通过火车运煤143万吨，2009年1至10月75万吨。

下面是云南云天化国际化工股份有限公司红磷分公司提供的一组数据：该公司通过滇越铁路火车运输的发运主要产品是磷酸二铵、过磷酸钙、氟硅酸钠，磷酸一铵、高浓度淋复肥。到达即运到公司的主要原料是磷矿石、硫磺。2007 年至 2009 年运输情况如下：

1. 2007 年火车发运产品 544828.5 吨，到达原料 887158.75 吨；

2. 2008 年火车发运产品 438989.41 吨，到达原料 4919936 吨；

3. 2009 年 1-10 月火车发运产品 484137.5 吨，到达原料 492548.4 吨。

由此可见，在解化公司、红磷公司等开远工矿企业的建设和发展中，滇越铁路便利的交通运输发挥了积极的作用。大型机械设备的运输、煤等生产燃料的运输、产品外销运输大都依靠滇越铁路。为了企业发展，滇越铁路在开远境内共修建了 8 条铁路专用线，共计长 12.4 公里，分别是：

1. 小龙潭煤矿专用线：(1) 小龙潭火车站至布沼矿坑 2 公里；(2) 小龙潭火车站至小龙潭矿坑 2 公里。

2. 开远电厂专线，由开远火车站至开远电厂 2 公里。

3. 解化厂专线，由开远火车站至解化厂 2 公里。

4. 石油站专线，由十里村火车站至石油站 14 公里。

5. 糖厂专线，由十里村火车站至糖厂 1 公里。

6. 磷肥厂专线，由糖厂专线接轨至磷肥厂 1 公里。

7. 水泥厂专线，由开远电厂 1 公里处接轨至水泥厂 1 公里。

由于受到滇越铁路运输的影响，开远地区还出现过企业专用寸轨，用于煤矿运输。小龙潭煤矿自用线，由露天煤矿至专线卸煤点共铺设寸轨 10 公里。曾以 8、12、16 吨蒸汽机 21 台、14 吨电动车 15 台挂自制挂兜运输大庄煤矿自用线，在坑道铺设寸轨 5 公里，用卷扬机牵引矿兜运输（《开远市志》，第 160-161 页）。

滇越铁路通车后，法国通过滇越铁路运输棉纱、布匹、呢绒、蓝靛，香烟、煤油、化妆品、家庭用具等外国商品到云南省内倾销，致使法国在滇贸易额占云南外贸总额的 60%—70%，大量白银外流。滇越铁路通车初期，年货运量 11 万吨，后略有增加。货运量 1939 年 35 万吨、1957 年 237.54 万吨、1960 年 657.5 万吨，“文革”期间大幅下降。1958 年至 1978 年中越国际联运 20 年间完成联运量 404 万吨。20 世纪 70 年代年货运量达 500-600 万吨，80 年代后每年增运出省物资 10 多万吨。

# 十九

天气有点闷热，我和几位朋友在黄庆的家里坐了一个下午。这位小个子中年男人有张俊朗的脸庞，看起来还很年轻，但据说他已经退休了。早在2019年以前，他是昆河铁路上的一名铁路警察，曾经还担任过开远铁路公安分处纪委书记一职，也是当地比较著名的窄轨铁路文物收藏家，在昆河铁路上工作了几十年，对于这条铁路上发生过的故事，他都可以如数家珍地讲出来。黄庆原来的家在开远市环雅小区10栋101号，在很多喜欢铁路文化的人心中，这里算得上是一个地标性的存在。十多年前，云南省新闻办公室、法国驻华大使馆、昆明市政府、红河州政府及昆明铁路局共同举办“接轨·中法记者滇越铁路行”活动时，曾将黄庆的家——开远市环雅小区10栋101号作为一个重要的参观点，据当时参加这个活动的开远电视台记者郝泽生对黄庆的专访描述，那日众多中外记者轮换着进入他家里参观，一个个出来时都啧啧称赞，叹为观止，原因是黄庆在此建立了一座“窄轨铁路家庭博物馆”，里面不足一百平米的空间，密密麻麻地摆放着各种各样与铁路有关的藏品和照片，其中包括了近百年来滇越铁路和个碧石铁路留下的铁轨、枕木、电话机、照明灯、手信号灯、办公桌、公文包、方向牌、路签；法式建筑的各种构件，如门、窗、砖、瓦、烟囱、烟道、洁具；有铁路工人穿过的各种制服、戴过的帽子、袖标、使用过的工具；也有当年发行的邮票、股票、使用过的车票、钱币及施工图纸等等，数不胜数。黄庆介绍，自1980年代起，他就是开远铁路公安分局的一名普通的铁路警察了，每天穿梭在火车与铁路上，眼里塞满火车的影子，耳朵里灌满汽笛的声音，火车几乎成为他生活的全部空间，铁路也是他人生最重要的行动轨迹，久而久之，黄庆终于发现，自己的生命已经和滇越铁路无法分割开来，大到一列火车，小到轨道上的一颗螺丝，似乎都在“道成肉身”，成为他的一部分。于是他很早就萌生了搜集与滇越铁路有关的文物，成立属于自己的“窄轨铁路家庭博物馆”的想法，黄庆说，做这个事情的目的就是普及铁路知识，让年轻人有“爱路护路”的意识。无论平时出差，还是在工作过程中，有时在古玩市场里，或在街边地摊上，只要能找到与窄轨铁路文化有关的东西，黄庆都要千方百计把它搞到手。以前只要听说铁路沿线有旧房屋拆除，黄庆就会提前赶到现场，蹲点守候，生怕会漏掉重要的铁路文物，经过20多年的搜集，黄庆的窄轨铁路藏品逐渐丰富起来，至今已经达到2000多件，黄庆的“窄轨铁路家庭博物馆”已是应有尽有，其藏品的丰富早已超过很多铁路方面的专业博物馆了。

废弃的道

众多藏品，挤占在这原本也不是很宽敞的屋子里，只留出一个较小的空间，摆放着一张古旧的实木茶几，黄庆叼着烟斗，颇有几分当年走在开远大街上那些法国绅士的神韵，开始话不是很多，有一搭没一搭地和我闲聊着，不时将茶壶递到我面前，续满我杯中的茶水，拿块小帕子擦擦茶几上的水渍。当我问起一些藏品时，他才又给我介绍起来。数以千计的铁路文物放在一起，既要节约空间，又要体现主人的审美，它们在黄庆的精心打理下，井然有序，各美其美，不论我随便指出其中哪一件，黄庆都能清清楚楚地讲出它的来路，有的文物除了知道它的收藏时间和地点，甚至还能讲出它背后精彩的故事。这让我觉得，这些文物不是冰冷的摆件，它们大多因为背后的故事而变得生动，它们是具体可感的时间，是记忆的身体。几盏茶的工夫，我们更加熟稔起来，黄庆开始主动给我介绍起他的文物来，我才感到，这是一个很健谈的男人，但他的健谈不是夸夸其谈，里面有着深厚的学养。黄庆指着身边的文物告诉我，“这是美国三达公司生产和使用的煤油灯，这是 20 世纪 20 年代滇越铁路运转车长使用过的工作包，这是滇越铁路公司总经理巴都在开远住所的大门，这是 20 世纪 30 年代开远车站的站长、也是滇越铁路的第一位中国籍站长范华盛使用过的办公桌……”说到这儿，黄庆突然转向我一笑，他似乎未卜先知，提前猜到了我内心的疑问，吸了一口烟斗后，它从桌子上取来一张照片，指着说，“哈哈，很多人都会有疑问，问我是怎么知道这是范华盛使用过的办公桌的呢？这就是证据。”只见照片中范华盛坐在办公桌旁，而那桌子，确实和黄庆家里这张一模一样，并且从它的木质成色上看，也是很有些年代的老物件了。

古玩收藏界有这么一个说法，“收而不研者俗，藏而不鉴者傻，以藏学师者德，以藏悟心者美，以藏缘友者雅，以藏养藏者富。”在我看来，作为藏家，黄庆是“收而研，藏而鉴”的，是“德、美、雅”的，甚至，他早已不再追求名利，而以圣徒之心，虔诚地构建自己的“窄轨铁路家庭博物馆”，让心灵的火车继续行驶在更多人的身体里，他是“富”的。前面说到，黄庆知晓他每一件铁路文物藏品的来路，这种“来路”能将文物的身份坐实，能够获得观者的信任，从而建立起心与物之间的对话，格物致知，甚至还会获得感动。比如，在黄庆的众多藏品中，一张印有“巴黎”和“印度支那”字样的法国邮票，因其背后的故事，就让我爱不释手甚至为之感叹不已。这个故事讲的是：20 世纪 30 年代，一位帅气的法国督查来滇越铁路开远站就任。初来乍到，人生地不熟，也许是对家乡的思念，又或者是想排遣寂寞，他时常走出开远站到外面散步，忽然有一天，远处传来一阵“咔哒咔哒”的声音，督查循声望去，原来是一位长发少女，穿着木屐，走在石板路上。她当时正提着马桶准备去沟边洗刷，整个人不加任何修饰却显得楚楚动人，少女不知道，自己不经意间的举动，已经俘获了督查的心。于是督查跟在少女身后，直到她走进了汉武路上的一家越南咖啡馆。从此以后，督查一有空就会来到这家咖啡馆，以喝咖啡为由，远远地观望着这位美丽的越南少女。就这样，时间年复一年的过去，而督查也一直都是这家咖啡馆的常客，且和这家越南咖啡店的店主也成为了好朋友，可遗憾的是，他却从来没有对自己喜欢的越南少女吐露心扉。直到20世纪40年代，日本人侵略印度，法国在印度的统治被瓦解了，滇越铁路云南段的管理权也被中国政府接管，大批铁路上的法国人纷纷撤回，这位帅气的法国督查也不得不离开开远，但在离开之前，他终于鼓足勇气，最后一次进入那家越南咖啡馆，把自己珍藏多年的集邮册送给了这位心仪已久的越南女孩。多年以后，越南女孩嫁给了一位广东人，成为越侨留在中国，她一直守口如瓶心中的秘密，就连她自己的丈夫也从未向其说起过。后来到了60年代，国内政治运动频繁，“十年动乱”让有海外关系的人家时常感到害怕，迫于压力，这位越籍女人终于忍痛割爱，将集邮册中的邮票一枚一枚地撕毁，据说她撕了美国的，再撕德国的，然后是英国的、墨西哥的、印度的……最后留下这一枚印有“巴黎”和“印度支那”字样的法国邮票，她却冒着生命危险，将其珍藏下来。这个故事太浪漫了，以致于我都怀疑它的真实性，而黄庆却叫来一个名叫阿果的中年越侨，他告诉我说，故事的女主人公是他的母亲，早已仙逝，这枚邮票就是他送给黄庆大哥的。至此我已不再去追问这个故事的真实性，无论真假，它所携带的时代记忆，总能激起我们的无限想象，它让已经变为历史的时间重新复活了，成为我们这些当下之人的一部分，这是它作为文物的力量，也是作为藏品的价值之所在。

喝了一下午茶，我们在黄庆的“窄轨铁路家庭博物馆”里胡侃神谈，更多的话题围绕着滇越铁路以及他的藏品，偶尔也涉及到书法和摄影（黄庆还是当地比较有名的书法家和摄影家），他的家庭博物馆墙上、楼梯间等地方，除了挂满他端庄华美的书法外，还挂满了他的摄影作品，其主题也都是围绕着各个时期的滇越铁路创作的。眼看天色将晚，我也准备离开，这时黄庆却突然起身，说要让我再开开眼界，他领我来到一间屋子前，这间屋子平时都是锁着的，“禁止参观”，倒像是一间密室，这“密室”的门也是滇越铁路时期的文物，为了审美和节约空间，直接被用上了，平时就搁在那里供人观看，必要时才将其打开。

大路若道

黄庆将“密室”的门一打开，眼前突然乍现的精彩让人惊叹不已。黄庆居然花了重金用模型复原了滇越铁路开远站的全景，应该是感受到了我们的激动，黄庆拿着激光指示器，像上帝刚刚创造完一个世界，口若悬河般地给我们讲起了滇越铁路的前世今生，从他的叙述中，我能感受到他对滇越铁路有着极其深刻的研究与思考，甚至还有一种莫可名状的情感，他从骨子里就热爱这一条他服务了一生的铁路。黄庆介绍到，从护国运动到抗日战争，滇越铁路是保家卫国之路；从开远站地下党支部的建立到芷村中共云南第一次代表大会，滇越铁路是星火燎原之路，在今天还可以是爱国教育之路，红色教育之路，“一带一路”之路，今后中国若是更加强大了，滇越铁路还可以是文化传承之路。我知道，黄庆的话，没有半点掺假。滇越铁路建成之后，对开远的经济、文化、社会生活等都产生了极其重大的影响。从经济方面来看，火车改变了开远最早人背马驼的运输方式，大大提高了生产力。滇越铁路刚刚通车时，开远布沼坝煤矿年产量为2000吨，而在2009年的时候就已发展到年产量1125万吨规模的小龙潭煤矿。众多工业的兴起让开远有了翻天覆地的变化，凭着雄厚的经济实力，让这个城市在滇南甚至是整个云南脱颖而出；从城市人口来说，是滇越铁路促使开远从一个偏远闭塞的传统市井走向开放与包容，加速了开远城市化发展的步伐，从城区人口只有6000人的阿迷发展到今天的24万人；从建筑文化方面来说，随着滇越铁路的运行，开远铁路站开始形成了相对独立的小社区，这里有以黄色调为主的法国式建筑群，包括滇越铁路职工宿舍、车站、车房、水塔、总经理办公室、医院、洋人俱乐部，开远人在看了这些法国建筑之后，才学会了在自己的房间中隔出专门的卫生间来，现代建筑也才率先在开远兴起。从医疗方面来说,西方医学的传入,改变了民众的就医观念，他们开始接受先进的西医科学，将疾病从求神拜佛的迷信中解脱出来，早在1946年，开远境内就有私营西医医院5家，西药铺3家、公立医疗机构2个。西医在开远最大的影响是防治瘟疫的传染和助产接生，1938年开远聘请西洋人霍乱专家伯力博士等医师2人到开远注射霍乱、伤寒疫苗5775人。1943年开远县卫生院进行霍乱伤寒混合疫苗注射，接种2570人。另外，新式的接产方法取代了土婆接生，大大降低了新生儿的发病率和病死率。现代医疗理念与服务率先在开远获得传播和建立。而在今天，开远已经打造出一套完整的医养中心，还开办了以老年病、康复治疗为专科特色的一级综合医院。从日常生活来说，滇越铁路开通以前，老百姓洗衣服用的是草木灰水，吃饭用的是瓷碗、土碗。铁路开通后，开远人民开始用肥皂洗衣服了，用洋铁碗吃饭，用火柴代替了松木片作点火之用，用洋布、洋纱取代当地的土布和棉花，就连彝族人传统佩戴的鸡冠帽也被毛巾取代了。甚至通过滇越铁路传进来的足球、小吃、蔬菜或生产工具（洋挖挖）等也都在悄悄改变着当地人的生活。滇越铁路确实为殖民产物，曾经给我们民族带来极大的屈辱，但自中国政府收归管理权之后，它对开远、云南，乃至整个中国的发展与振兴都发挥了极大作用。

黄庆忘情地介绍，我们凝神屏气地听，在他生动的叙述中，整个开远站的模型似乎变成了真的，与它联动在一起的所有事物都活过来了。开远站门口，清风吹拂，树木摇曳，远处有高山叠嶂，流泉飞瀑，一条铁轨在山峦起伏间时隐时现，桥梁飞架，隧道洞开，落日染红的大地，正在黄昏中敞开自己，等着它的火车呼啸而来……

# 二十

流水穿过通灵村，一路清波泛起，琮琮浪语牵连沟边树影，向东逶迤，时间赋形于万物，枯荣更迭，恰值壬寅早春，百草葳蕤，千花绽放。我坐在一家僻静的小餐馆里，放眼沃野，思绪万千，感慨大地厚德载物，它在亘古变迁中，接受文明的润泽，终于获得山川灵秀之气，而这灵秀之气，又以一方水土养育一方文人墨客，使其得千古文章，风骚后世，久而久之，一个地方的文脉便会悄然形成，“道”如暗河潜伏，每个人都是它的岸堤。掐指一算，此时离杨升庵到阿迷已经488个年头了，阿迷的文脉曾因为这条大河的汇入而变得波澜壮阔，声震后世。

通灵村

嘉靖十三年（1534 年）春天，阿迷文人王廷表一路风尘仆仆，从家中出发，到两百多公里外的安宁，拜访与他有着总角之交的好友杨升庵。那时阿迷到安宁，路途遥远，山深林密，野兽出没，匪患隐伏，单人匹马行走，往返至少也需六七日光景。可即便如此，也没有阻止王廷表反复穿行在这条道上——这已经是他第六次到达安宁了。和前几次拜访友人不同，这次到安宁，王廷表是奉父命迎接杨升庵到阿迷家中叙旧。杨升庵（1488—1559 年），原名杨慎，字用修，生于北京，祖籍在四川新都。他父亲杨廷和曾先后任修撰、侍读、左春坊大学士。杨升庵聪慧过人，自小就跟随母亲黄氏诵习唐诗、书法，五岁后便能吟诗作对，过目成诵。正德二年（1507 年）春，杨升庵第二次出京，与弟杨惇回到家乡应试，按照惯例进入县学，成为王颖斌所教授的弟子员，阿迷人王颖斌成为了杨升庵名副其实的老师。明正德六年（1511 年），23 岁的杨升庵殿试第一，当了状元，从此任翰林修撰以及经筵讲官 12 年，经常和朝中重要人物打交道，与政治家、学者李东阳，杨一清、刘忠等交往甚密，且经常出入皇史宬（皇家图书馆），遍览经史百家秘籍。明嘉靖三年（1524 年），杨升庵与杨廷和一同参与了“议大礼”事件，和群臣拥上京殿哭谏，力阻尊世宗生父为“皇考”。“议大礼”事件严重触犯龙威，杨升庵及多位同僚当场遭到“廷杖”惩罚，有的当廷便被打死，而杨升庵两受“廷杖”，幸免一死，最后被罚充军云南永昌（今保山），直到 1559 年，在昆明西山高跷逝世。

那王廷表又是何许人呢？王廷表（1490—1554年），字民望，号钝庵，阿迷州（今开远）人。祖籍云南通海，明洪武初年迁居阿迷。他的父亲王颖斌曾为四川新都县训导，王廷表自小便随父亲客居新都，早年与杨升庵是同窗好友，共同受教于杨升庵的叔父杨龙崖处。王廷表也是自幼好学，秉性聪明，“承名师启迪，遵严父教诲，受诗书陶怡，学业大进。”明正德九年（1514年）举于礼部，经殿试中二甲赐进士出身，授浙江台州府推官，掌审理案件勘问刑狱之事，平反冤狱。嘉靖年间任员外郎、郎中等职，署理朝廷内部事务，后晋升为四川按察司佥事，后因仗义执言弹劾总兵贿赂朝中丞相事，冒犯权要，横遭诬陷，被迫辞官回乡，得以潜心史学、文学研究，生平著作有《皇统》《读史删后记》《读史管见》《钝庵诗集》等百余卷，又与杨升庵共同编纂《阿迷州志》，成为阿迷历史上地方志与文学写作的先驱性人物。据《阿迷州迁学记》记载，“表罢宪归，徒请图之。乞君,不可。表曰:‘吾不能磩备础碱耶？不竣事，笑于人。’乞君，仍不可。师徒又至，诟文晦。表曰:‘昔士屡登科,表忝续之,何晦哉？’”王廷表为阿迷教育事业东奔西走，争取地方土官的支持，为阿迷的教育作出了巨大贡献。古人相交，多以肝胆相付，杨升庵凭着超凡的才华与人格魅力，在云南备受读书人拥戴，时常环绕在他身边，且在诗中与其酬唱的人就有：杨士云、李元阳、张含、唐铸、吴懋、王廷表、胡适禄等七人，文学史称为“杨门七子”。

老师王颖斌为了迎接杨升庵到阿迷家中，特意在坊内建了状元馆，供杨升庵与王廷表读书、著述使用。如此接待规格，即便放在物质富裕的今天也实属罕见，从中也能看出读书这个行为的神圣，以及杨升庵在当时读书人心中的位置之重。只可惜时间久远，此状元馆已无迹可寻。杨升庵像一道明亮的光束照进云南边陲，那些被文学擦拭过的心灵也在为他打开。早在明嘉靖初年，杨升庵暂住安宁期间，安宁州知州王白庵就特意为他来安宁讲学、游赏而修建了一座状元馆，名叫遥岑楼。遥岑楼有一座翘槽六角的古式楼阁。它高十七米，周围三十米，顶端呈荷叶状，一直到1983年还矗立在安宁城官街北头螳螂川边。杨升庵非常喜欢这座楼阁，经常在这里居住和讲学。他在《游法华寺晚归再饮遥岑楼》一诗中写道："罗绮伴仙游，云林意转幽。草愁金履齿，花妒锦缠头。阳焰红将敛，晴岚翠欲流。清樽兴不尽，邀月坐岑楼。"在草木葳蕤，百花争艳的季节，和友人同游法华寺，怡然自得。回到遥岑楼，身上有风尘与疲惫，但当暮色中坐在遥岑楼上，遥望天际晚霞将尽，空中流云飞渡，感到游兴未尽，遂举杯邀月，对影成三。从诗中可以感受到，在经历苦难后人生获得的旷达与通透，由此不难看出，遥岑楼带给了杨升庵无限的宽慰，让他有了归属感。杨升庵谪居安宁、讲学授业于遥岑楼，省内学者纷纷前来与他切磋。安宁很快就成为当时文人荟萃的地方，如丘月渚、杨墨池、张松霞等后来的名人皆出自杨门。在杨升庵谪滇的第九个年头，他在遥岑楼上写了《春兴》(八首)，言及自己谪滇九载，空有一身本领，到头来却是英雄无用武之地，抒发了一种难以排遣的孤寂失落之情。遥岑楼不同于今天的作家工作室，很多只是一种摆设，它不但是杨升庵讲学授业、饮食起居的地方，更是他泼墨挥洒，寄情抒怀的处所。到阿迷时，杨升庵已谪戍云南十年，年将半百，按朝廷军政条例规定，永远充军之人，年满六十可由子侄代替服役。眼看赦免无望，只有由子替役一途。但妻子黄峨婚后未育，杨升庵膝下无子。于是途经临安（行政机构驻今云南省建水县）时，他娶了新喻（今江西省新余市）人周氏为偏房，想生个儿子，顶替军籍，自己可以归老故乡，1535 年 6 月，果得一子，名叫同仁。

西龙禅寺

杨慎在阿迷流连数月，除与好友遍游临安、通海、江川、澄江等滇南胜迹，还与王廷表朝夕研习，诗酒唱酬。此间，杨升庵心情大好，某日他和王廷表游历到阿迷胜景西门龙潭，二人见西龙门潭天光云影，绿茵滴翠，便忍不住借景状怀，一吐胸臆。虽然我没有找到杨升庵写西龙门潭的诗，但读到了王廷表的七言律诗《游观音寺·答杨用修留别》："太平风物在南州，鹤舞春郊与客游。气象欲干千缕笔，逍遥还听白云讴。三乘古刹鸣仙鹤，四照晴花绕石楼。佳境正当频结社，明朝何处更凝眸？"既然是"答"，必定有问，看着眼前佛寺风光，杨升庵定然按捺不住内心的激动之情，便以诗发问，诗是灵魂的尖叫，它总是给予那些被命运弄伤的人喊疼的机会。

转眼到了某个冬日，也是阿迷这块偏远之地在中国文学史上的高光时刻。杨、王二人酒后诗兴大发，便以窗外梅花为题，各自作诗，一夜百首，于是便有了今天的《双百梅花诗》传为文坛佳话，这两个伟大的灵魂都将个人才华推到了极致，其间既有关于人生的交流、美学的切磋，甚至还有可能出现诗艺的竞技。《双百梅花诗》经友人传抄，流传于民间。直至 1943 年，时任开远县教育局督学、代教育局局长万墉如（开远人）及其弟万中山，将诗稿汇集校订，铅印为《明杨升庵王钝庵先生梅花唱咏百首》。“大块假我以文章”，阿迷天然的诗意需要通过杨升庵和王廷表写出，这是大地所赐之福，遗憾至今这些诗歌并不为太多人所知，摘录部分于此，以飨读者：

## 杨升庵先生梅花诗（一）

### 早　梅

逢逢羯鼓聒花神，一夜罗浮识面真。
才放南枝四五朵，已招东阁两三人。
酒思吞海添新蕊，诗欲升天脱旧尘。
珍重初阳从汝得，融和独领万家春。

### 新　梅

生从南国始完神，调鼎才华已吐真。
弱似畹兰非媚俗，香於岩桂自宜人。
一枝摇雪清偏胜，几度经寒劲绝尘。
莫道后生风力软，丈人行里独娇春。

## 老梅

疑是松精柏树神，崚嶒骨节炼形真。
黄昏月漾浮槎影，断续风传弄笛人。
历尽冰霜成铁石，挽同元气涤霾尘。
蟠桃开熟三千岁，争比年年一度春。

## 孤梅

千林万木失精神，一干冲寒犹抱真。
野色晴空窗里树，芳情暗结陇头人。
影交水月成连理，梦断湖山隔世尘。
月落参横惆怅处，马蹄踏破故园春。

## 古梅

铁树瑶枝玉作神，每於腊后见天真。
托根真自鸿濛泽，试味曾经商室人。
剥落皮肤衣碧藓，孤高气节脱红尘。
芳菲不比闲花草，占尽三皇圣世春。

## 远梅

老朽根埋不死神，聊从陇外耿幽真。
独持风节成高蹈，脱吐清香谢俗人。
曲涧有情留云月，断桥无路渡嚣尘。
诗人驴背从回首，摩写枝南枝北春。

## 疏　梅

不比浮花浪蕊神，略开数朵便清真。
巡檐不碍书窗月，入景偏宜诗社人，
枯干零星横斗柄，芳标潇洒出风尘。
窦云夜锁空枝上，楝宇花栽满树春。

## 矮　梅

巨灵清魄海钟神，偃蹇形藏已逼真。
钩曲漫同崔氏子，栽培疑自道州人。
隆儒殿上宜供腊，独乐园中好避尘。
任是及肩藏行径，清江矮屋亦同春。

## 瘦　梅

孱弱腰支不减神，惟咀冰雪保天真。
根埋病鹤飧丹骨。树数癯仙绝粒人。
肉食岂丰调鼎相，观形独步占魁尘。
本来面目多奇怪，瘦貌能肥天下春。

# 王钝庵先生梅花诗（二）

## 未开梅

蕊珠既累累，苞玉尚枝枝。
一树已藏意，千颗欲放诗。
有禽窥淡影，无蝶梦香姿。
非畏寒威重，留春将待时。

## 半开梅

肯将春浪掷，紧抱向南枝。
磬口微含笑，檀心半吐诗。
离奇多瘦骨，仿佛带羞姿。
一片精神聚，烟深月淡时。

## 全开梅

忽讶高低树，不分南北枝。
踏残庾岭雪，索尽孤山诗，
何尝不富贵，却是别丰姿。
酬酒三更后，调羹五月时。

## 老梅

知是何年种，养成曲铁枝。
心灰千缕结，身历百年诗。
寿与松同算，瘦偕鹤共姿。
岂随桃李辈，争春二月时。

## 古梅

霜皮全是藓，铁骨半横枝。
孔穷吹天籁，肌肤饱雪诗。
千年惟养拙，百析乃成姿。
春雨随花后，能同斗柄时。

## 瘦梅

自古癯仙骨，全无臃肿枝。
花疏非是病，貌损却因诗。
骨格仍多健，精神不减姿。
纷纷肥脆者，谁与同霜时。

## 疏　梅

应嫌春太密，淡着两三枝。
脱略半窗影，离奇几叶诗。
常筛明月色，不隔远山姿。
相对准宜竹，萧萧风雨时。

## 斜　梅

为让月来户，岂关风压枝。
支颐多睨视，侧面避歪诗。
非直非横影，半欹半斜枝。
颓然如醉后，不碍云归时。

## 秃　梅

鸟宿无条干，苔生有力枝。
既寻种树谱，又诵伐柯诗。
乃悟斧斤后，更饶铁石姿。
北风吹不动，屹立寒岁时。

那一夜，杨升庵以七言律诗咏梅，王廷表以五律同题回应，形同两位诗人骑着属于自己的白驹，在汉语的大道上狂奔，二人诗歌字韵通天，重而不简，首首有意，句句工整，写尽梅花千姿百态，可谓前无古人后无来者。

杨升庵的阿迷之行是愉快的，甚至让他暂时忘记了流放之苦。嘉靖十四年（1535），从阿迷返回昆明的路上，杨升庵和王廷表泛舟抚仙湖，面对四面湖山，碧水蓝天，杨升庵诗兴大发，写下《自江川之澄江赠王钝庵廷表并柬董西泉云汉三首》：

一

通海江川湖水清，与君连日镜中行。
孤山一点横烟小，何羡霞标挂赤城。

二

澄江色似碧醍醐，万顷烟波际绿芜。
只少楼台想掩映，天然图画胜西湖。

三

海螯江蟹四时供，水蓼山花月月红。
自是人生不行乐，莼鲈何必羡江东。

其中，第一、二首是送给王廷表的。以诗赞叹抚仙湖美景的同时，字里行间也将二人之间的深情厚谊和盘托出，正是因为此情此景的激发，才将诗人的身心从人生的藩篱中解放出来，从而获得一种无法言喻的轻松与畅快。

杨升庵和王廷表少为同窗，成年后又同朝为官，现又共同遭遇贬谪，此次阿迷之行，自然感慨万千，既有“同是天涯沦落人”之感慨，也有“他乡遇故知”的激动，在这朝夕相处的半年多里，是否还应该有一个这样的夜晚：酒酣耳热之际，情动于衷，杨升庵操杯而起，引亢高歌，“滚滚长江东逝水，浪花淘尽英雄。是非成败转头空。青山依旧在，几度夕阳红。白发渔樵江渚上，惯看秋月春风。一壶浊酒喜相逢。古今多少事，都付笑谈中。”那首慷慨悲壮，荡气回肠的传世名篇《临江仙·滚滚长江东逝水》便因此在阿迷产生？虽然我们今天没有确凿的证据来证明《临江仙·滚滚长江东逝水》这首词是杨升庵在阿迷写的，但其中“一壶浊酒喜相逢。古今多少事，都付笑谈中”一句极其符合杨、王二人见面的情景。即便这首词不是写于杨升庵旅居开远期间，词作本身所需要的经验支撑也不可能将这段美好的回忆从中剪除，无论如何，这都是阿迷这块土地最接近古代文学经典的时刻。

这个故事让我反复想起“文脉”二字，并由此展开联想，许多与开远有关的文人墨客便一一在我脑海中闪现，最为密集的，要数抗日战争时，开远凭滇越铁路带来的交通优势，曾接受和转运过大批中国文化精英和难民到大后方来躲避战火，为后来新中国的成立保存了丰厚的文化实力，开远也因此成为中国抗战史和文化史上著名的“文化走廊”“精神车间”，如周培元、费孝通、楚图南、彭珮云、王汉斌等文化名人都曾驻足开远，名扬四海的学者、作家、诗人如朱自清、闻一多、巴金、冰心、冯至、萧乾，哲学家蒋梦麟、贺麟、冯友兰、金岳霖，建筑学家梁思成、林徽因，社会学家及史学家陈寅恪、刘文典、钱穆，语言学家赵元任、王力，数学家华罗庚、陈省身、杨武之（杨振宁之父），物理学家叶企孙、严济慈、王守竞，画家潘天寿……他们都曾在开远有过短暂停留，生命的轨迹都曾和滇越铁路有过交集，开远给予的温暖，他们许多人在后来的著述中还多次提到过。

当我再次将目光从远处的山峦上收回，身边的流水一如既往地流去，此时，它已经不再是一条流经通灵村的小河，似乎真有那么一瞬，它变成一条大江从我眼前滚过，杨升庵、王廷表化身白发渔樵，站在时间的上游，正在帮我们打捞身体中的淤泥，让每一个灵魂都变得更加宽阔和清澈。阿迷的文脉，在经过无数次的汇流之后，越发变得浩荡和澎湃。

# 二十一

“布沼狮山，州左臂最上境也。昔未设有僧寺，名摩朵，无所取义。于康熙初季，克贤包公相形状如狮，因名焉。”归圣寺正殿北檐墙上，镶嵌一碑刻，名为《狮云山常住碑记》，开篇不仅交代了狮子山名字的来历，还直抒狮子山之美。少时总觉得，古人写山水，常言过其实，比如读到李太白《望庐山瀑布》《独坐敬亭山》等诗时，便禁不住对诗中美景心生向往，等到机缘巧合，真去了这些地方，却又觉得不看则已，看了难免失望，所谓“飞流直下三千尺，疑是银河落九天”，其实只是一条普通的瀑布，所谓“相看两不厌，只有敬亭山”，也只不过是一座平凡的山林。年长些后，对这些诗的理解，发生了些许变化，知道修辞的目的，是为了提升“美”的表达，真要将实境拿去与诗的意境相互印证，反而丢了语言的旨趣，到底是自己不懂欣赏罢了。唐刘禹锡在《陋室铭》中写到，“山不在高，有仙则名；水不在深，有龙则灵。”而我觉得，不论什么样的山水，只要有人愿意为之题诗，便值得一游。此时诗是山水里的“仙”和“龙”，是人与自然的交流，是物对心灵的启发，是心灵在物上的升华。

尹壮图《狮子山游记诗碑》

狮子山也是有诗的，且为滇南名士、清乾隆年间进士尹壮图所题。尹壮图，字万起，号楚珍，蒙自城关人，曾担任《四库全书》总阅官，可谓当时一流的大文豪。乾隆五十五年（1790年），和珅创设议罪银制度。何谓议罪银制度？就是官员犯错之后，给钱便可免罪。尹壮图上书乾隆帝，直言议罪银制不利于朝廷。此举严重侵犯了大清上层官员的利益，包括乾隆帝在内，尹壮图因此也被革职。当时朝中大臣打算议以其死刑，乾隆帝以“不妨以谤为规，不值加以重罪也”为由，将尹壮图贬为内阁侍读。乾隆五十七年（1792年）八月，尹壮图辞官回籍养母。尹壮图回到家乡蒙自后，因其母亲是阿迷伍氏之女，且蒙自和阿迷之间仅咫尺之隔，阿迷灵泉书院常请他去讲学，此间，尹壮图游历了阿迷山水，现镶嵌于狮子山归圣寺北厢西山墙上的《狮子山游记诗碑》便是最好的见证：

丁巳十月望日偕生徒游狮山四首

狻猊作势枕云冈，威重群推百兽王；
拳曲金毛森欲舞，磋砑石齿利如钢。
到来逼近神偏肖，望去驯眠性本良，
怪得对山烧火焰，朝昏吞吐灿光芒。

万石峥嵘列满冈，锵锵百兽宛来王；
斓斑隐羽翻疑虎，荦确经呵便化羊。
驯象侧峰遥拱峙，犀牛有洞敢潜藏，
是真是幻初无二，高枕云霞续梦长。

由来布沼膏腴乡，雅仗威名镇此方；
藜藿满山传伏虎，桑麻夹道绝狼岗。
羡君僻处邀虚誉，笑乐幽居冒假王，
不为云深贪偃仰，缘何驯卧佛龛旁。

登山屐齿未全荒，挈伴攀腾谒梵王，
危铿穿云容罨霭，清泉泻石韵铿锵。
依稀盘谷还真相，仿佛间山忆宦场，
俯看良田千万倾，波心珠点月汪汪。

此碑长 97 厘米，宽 62 厘米。诗文右行直书，行云流水，璧坐玑驰，碑面虽有斑驳，但更得气韵高古之美。读其诗，入其境，狮山胜景，犹在眼前。

归圣寺

狮子山归圣寺始建年代不详，清康熙六年（1667年）、乾隆十六年（1751年）重修。《重修归圣寺功德显名碑记》记载，“环面皆山也。其西南一峰，林壑优美，望之蔚然而深秀者也……前人慕其景，建成殿宇，名曰归圣寺。”归圣寺内古木参天，绿荫满地，流水淙淙，数百年以来，吸引了无数骚人墨客。我去之时，归圣寺已不复当年胜迹，香火凋敝，人影荒芜，现存前殿、大殿、两厢等建筑多已沦为危房，菩萨们端坐佛堂上，显得落寞而又荒凉。在归圣寺门口朝山下远眺，小龙潭集镇还在不断地扩建和翻新，更多的工厂正在拔地而起——这是喧嚣的红尘，这是熙来攘往的人间。下山时，我一再回望归圣寺，心中不由地感叹道：

一座寺庙，需要多少次重建，才能遇见一首诗歌。

一首诗歌，需要多少次传颂，才能重建一个人心中的寺庙。

# 二十二

开远人似乎不是很喜欢去太远的地方工作或生活。我想原因大致有二，一是滇越铁路经过开远100多年，这个地方的人早已开眼看过世界，对今天人们所追求的“诗与远方”不觉得稀奇；二是与开远安逸舒适的生活有关，很多人需要去远方才能追求到的幸福，开远人足不出户，唾手即可得。在开远采风期间，多亏有开远市委宣传部副部长张锐、市文联主席宋佳佳以及其他几位朋友陪同。我几次和她们聊起昆明的生活，几乎看不到她们有任何羡慕的表情，有时反而还会在言语间表现出对我这个在“大城市”生活的人的同情。张锐说：“我觉得在开远生活就已经很好，不用承担大城市过高的生活成本，压力小，社会关系也很单纯。”她说的没错，在小城市生活有在小城市生活的好处，但当我在开远逛了几天后，发现开远人大多喜欢留在本地生活的原因绝不限于此，开远的美景和美食才是留住开远人的灵魂之所在。

泸江公园

唐代诗人李德裕诗云："青山似欲留人住，百匝千遭绕郡城。"开远就是这样的，似乎为了留住这将近两千平方公里的土地上生活着的三十多万人，卓木献媚，山河勾引，自然之"厚德"就是一味赐予开远美丽的景色。凤凰山坐落在开远南部市区，山有耸势，地有缓和，四通八达的绿道或小径无一不在为开远人敞开，绿树成排，草地连片，飞瀑披挂，流水叮咚，登高望远，心旷神怡，闲暇时可携老挈幼，徜徉其中，尽享天伦之余还能对话自然，松绑心灵，花香缥缈，鸟语呢喃，好不快哉！闻名遐迩的开远标志性建筑——凤凰楼就矗立在山顶上，庄严肃穆，雄伟挺拔，若在夜间，整座钟楼通体富丽堂皇，上接星月，下触云烟，开远人不用远行，走出家门抬腿便能跨入仙境；泸江公园位于开远市西城区东的泸江畔，是泸江改道后在原河床上兴建的公园，占地面积 80 多亩，其中水面 20 多亩，园林建筑按江南园林风格设计，有百花亭、泸湖夏荫等 15 座古典园林建筑。另有一批现代艺术雕塑分布其间，其中有一座高 10 米，宽 9 米的“腊玛风采”，再现古猿与恐龙搏斗的场面，是目前云南体积最大的雕像。公园里古木参天，林荫掩映，水榭歌舞，亭廊连环，开远人三五一伙，七八一群，或聊天

南洞公园玻璃栈道

喝茶，或打牌下棋，热闹非凡。更有甚者无所事事，手持一把摇扇，择一处清幽僻静之地，一躺就是一整天，何其惬意！凤凰山和泸江公园都在开远市区，若往南走，出城12公里处，就能到达南洞。南洞俗称“龙游南洞”，位于开远坝南端，三面环山，一面临坝。自明朝开发以来，它一直位居“阿迷八景”之首。洞中暗洞幽深穿凿，是云南规模最大的地下暗河出口之一，明状元杨升庵曾游于此，陶醉于眼前景色，欣然提笔写下了“南洞”两个大字，摩崖至今赫然醒目。南洞林木遮天，流泉飞响，为了满足年轻人寻求冒险与刺激的心理需求，南洞景区还开发了有着“滇南第一天桥”之称的玻璃观光吊桥，置身山谷，仰可观人行在天，移步吊桥，俯可见鸟飞于地，而在吊桥不远的地方，正是目前正在抓紧建设的弥蒙高铁，它与百年穿山而过的滇越铁路，仅有一山之隔，南洞风景区就处在古老和现代的两条铁路之间，任尔南来北往飞速而去，它自岿然，一动不动，惟留大河奔泻，喧嚣永昼。如果这还没能让你尽兴，切勿着急，开远还有很多美景等着你。灵芝湖，位于海拔1950米的马着哨高寒山区，因湖面像一朵灵芝而得名，距开远市区41公里。灵芝湖原为灌溉农田而建的水库，没想到建成后，除了水库自身应有的功能，它还形成了开远一道别具特色的自然景

灵芝湖

观。景区先后设置了游艇、度假旅馆、射箭场、空中溜索、餐厅、棋牌室等设施，解决了交通问题，建成了集旅游休闲、文化娱乐、餐饮住宿为一体的旅游景点。灵芝湖森林公园古木蓊郁，华盖如云，有香樟、山茶、银杏、山楂、核桃、兰花、棠棣花、迎春花等数百种树种和花卉，有些稀有树种已享寿百岁。进入灵芝湖森林公园，山间小路回环曲折，既有纠缠又有分散，抬头一望，树木葱茏，枝叶交错，似乎天空是一个由树叶层叠搭建而成的穹顶，而在身边，湖水清澈，波光晃荡，涟漪缓缓，四周青山环伺，如抱一珠。此间百鸟欢歌，有凤来仪，

云窝寺

生机盎然，树影轻拂流水，流水推动树影，最是避暑消夏的绝佳去处。既然已经出城，既然已经来到开远，切勿忙着返回，何妨让自己更深入一些，三角海的斜阳晚照，云窝寺的摩崖题记，西龙禅寺的禅房花木，知花小镇的万紫千红等都有值得你停下来领略一番的美妙。可即便你把这些地方都游遍了，我还是要遗憾地告诉你，没有去过大黑山，就不算真正到过开远。大黑山位于开远东部，距离城区45公里，海拔约2775.5米，整体属亚热带高原季风气候，由于海拔较高，又有高寒山区气候的特征，长年平均气温约在17℃，总的气候特征是立体气候明显，雨热同季，昼夜温差大，因此有着“一山有四季，十里不同天”的说法。这样的地方，早就用它的海拔，用它崎岖陡峭的山路，用它变幻莫测的天气将那些脆弱的灵魂拦截在山下了。这样甚好，能上山的人毕竟只是少数了。大黑山上时而天高云淡，时而雨雾弥漫，像极了一种人生，而乱石突兀，牛羊散落，道法自然在这儿尊重着每一根小草，一个人走在这样的旷野中，孤独便是一种语言，听众只是自己，也有可能是神灵。旅行的目的不是掠夺景色之美，而是在出行的路上，找到一种适合自己身心的风景，由它承载着我们的情感，找到“本身”，让“真我”归位。

彩虹映照大黑山

神秘幽静的大黑山

小卷粉

北宋文豪苏轼《惠州一绝》写道："罗浮山下四时春，卢橘杨梅次第新。日啖荔枝三百颗，不辞长作岭南人。"开远人也有苏轼这样的想法，若每天都能吃到心仪的美食，就永远都不想离开，永远都只想做个开远本地人。远近闻名的开远小卷粉，口感嫩软爽口，滑腻鲜香，也有人称其为开远的越南小卷粉，原因是这种小卷粉是从越南传过来的，和滇越铁路有很大关系。开远的越南小卷粉名气最大的要数黎飞海、梁月英夫妇经营的小店，他们家的小卷粉曾经代表开远的美食登上中央电视台"魅力开远——欢乐中国行"栏目。据开远市文物研究所原所长曹定安对黎飞海的采访可知，黎飞海家 1945 年就在开远蒸越南小卷粉了。他父亲黎庭惯是越南越池省人，母亲阮氏吉是越南河内市人，因日本侵略越南，他们在家乡无法生活，黎庭惯就携全家老少沿着滇越铁路到中国逃难，路上见开远商机勃然，便落籍下来，在菜市街（今青年路中段）蒸越南小卷粉谋生，至今已经蒸了三代人了。最初的越南小卷粉以分葱头、猪肉为馅，佐以柠檬、味精、芫荽等配制的蘸水趁热食用。但到开远后，黎家在承继越南小卷粉地道制作工艺的基础上，融合开远饮食文化，创新出香菇脚、酸菜、芹菜、大头菜等馅料的越南小卷粉品种，成为开远人民情有独钟的特色小吃。烧烤也是开远的美食一绝，到了开远没吃烧烤，那就代表你对开远的了解只是浮于表面，没有真正进入开远人的生活。在开远，人们动辄就约着吃烧烤，除了烧烤本身对味蕾的诱惑之外，吃烧烤在开远还是一种带有消遣性质的生活方式。无论春夏秋冬，夜晚都是人们最清闲的时候，适合呼朋唤友，围“炉”而坐。此时烧烤摊就是“炉”，就是开远这个小江湖的中心，人们叫来几瓶啤酒或开远特产六果液，点上几盘烤豆腐、鱼、茄子、韭菜、肉皮、大肠头等，话匣子便在烟熏火燎中打开了。人们边吃边聊，摊主边烤边将已经烤好的食材夹

左图　云南省著名特产“六果液”

右图　开远雪花啤酒

烧豆腐摊

着送到客人碗里，这其中最考究的当属烤干豆腐，把干透的臭豆腐撒在烧烤架上，每一粒拇指般大小，盖上盖子，用文火慢慢烘烤，为保证每一粒豆腐都要烤透、烤熟，又要防止其被烤焦，需要不时晃动盖子，让臭豆腐翻来覆去地烘烤，儿分钟后，揭开盖子，一股香味便在烧烤摊上扩散开来，这时大家举箸投食，也有心急的食客忙不迭用手去抓，手被烫了后又赶忙缩回来。每一粒烤熟的臭豆腐，掰开后，都是脆皮白心，吃在嘴里颇有韧性，越嚼越香，让人满口生津，欲罢不能，开远的夜晚也因此而变得生动起来，性感起来，迷人起来。开远人向来随和，但在对待“吃”的问题却是算得上“较真”的，早在2013年7月，他们就在通灵村举办过开远第五届蜜桃节“香飘农家乐”开远十大特色农家菜评选大赛，来自开远市18家农家乐的主厨登台献艺，最终通灵一家烹制的老鸭汤、通灵缘烹制的小槌干巴、水车屋农家乐烹制的猪脚煮番茄、大庄龙泉餐厅烹制的水煮肥牛、东大门饭店烹制的清汤牛肉、咪彩农家乐烹制的相思腊肉、馨聚园农庄烹制的乳汁鲫鱼汤、彩云农庄烹制的农家土鸡汤、风雅鑫烹制的尖椒油炸肉、丽娟农庄烹制的剁椒蒸鱼10道菜从中获评。谈到开远的美食，米线自然是绕不过去的。无论走进哪条街，走进哪家小馆子或者饭店，总能在琳琅满目的菜单上看到米线的身影，且种类繁多，吃法不一，随便一数便有海鲜米线、土鸡米线、洋鸭米线、三鲜米线、铜锅米线、焖肉米线、干酱米线、排骨米线、清真牛肉米线等，还有一些从外地传入开远的米线，比如蒙自的过桥米线、建水的草芽米线、泸西的羊肉米线、弥勒的卤鸡米线，可谓吃有不尽，数不胜数，若要每一种都尝一下，没有十天半月的功夫，根本做不到。但若真有时间都尝一遍了，恐怕还真就“不辞长作开远人”了。除此之外，我还想说说开远的美食特产甜藠头。甜藠头作为开远最著名的特产之一，一直以外观圆润鲜艳、金黄悦目、甜脆可口、细

鸡肉米线

鳝鱼米线

糯无渣而深受人们喜爱，晚晴时期曾作为贡品流入京城盛宴之上，民间传闻慈禧太后对此物喜爱有加，食后发出“久食龙肝不知味，垂涎只为甜藠头”的慨叹。开远的甜藠头是高、低海拔地区出产的两种农作物完美融合的结晶，由高海拔山区才能生长的藠头和产于低海拔的甘蔗加工而成，吃了甜藠头，就多了一份独属开远的舌尖记忆。也有少部分的开远人或游客有“食野”之趣，那大草乌、小白鸡等一定能够满足你。大草乌是藤本根茎植物，生长在荆棘林或灌木丛中，它是一种草药，具有温经通络、祛风除湿、散寒止痛的作用，主要生长在海拔2500米的高寒山区，这是一种剧毒植物，所以在食用之前需严格谨慎操作，务必把控炖煮时间，确保大草乌熟透。野生大草乌早就“物以稀为贵”了，偶尔还能吃到，但另外一种美食，真正尝过其味道的人，就几乎没有听说过了，它就是雷打菌，《民国开远县志稿》曾经提及，“植物亦有百余种，其特色者有臭头参、糯白果、雷打菌、甜竹笋、细木耳、缅桂花、草芽等”,《阿迷劝学所造报征集地志编辑书》称其为“天产”“雷打菌，产西关外眠犬山，初生寸许，色纯白，菌柄菌伞不甚分晰，产额无多，味极鲜美，略似蘑菇。”传说这种雷打菌因为难得和稀少，只能用来汆汤“品”，它在开远的民间被传得神乎其神，或许，没有人吃过更好，如此一来它便可以化作美食之魂，住进每一位开远人的心中，不同的人可想象出各自喜欢的味道。《史记·郦生陆贾列传》云:“王者以民为天，而民以食为天，能知天之天者，斯可矣。”在开远，老百姓赖以生存的食物早已获得解决，他们有更高的要求，在这里，当是“民以美食为天”了，“天”为道，道领导生命，安放灵魂。开远的美食不胜枚举，正当我以为“就是这些了”时，突然一个当地朋友打来电话，约我去乐百道怡里村摸鱼捉泥鳅，这是开远人交友的方式，真诚、质朴，但他会在你的味蕾上下功夫。

云南省著名特产“开远甜藠头”

## 空房间

# 二十三

*01*

你该来看看
清晨，我和黄昏坐在一起
露水打湿了阳台
蓝色，显现出巨大的空
就像风吹瓶口的声音

*02*

从北向南，逆流而下
滇南的铁轨上，有人，命悬一线
从城东到城西，坑道分离
灼热，带着火星的碎屑
没有什么话可说
是灰尘，就走灰尘的路

*03*

你看到我的沉默
如刀，因为自由像奴隶一样赤贫
电线可以做到四分五裂
我可以五谷不分
而你，只能攥紧
鹅黄的光，透过指缝
沿锈蚀的铁轨，小心翼翼地移动

*04*

所有让你感兴趣的东西
保持着，相同的体制
当你的双手，从我身体的平面离去
你该来看看我，听一听
雨珠滚落棕榈叶的声音
我的隔壁，被月光所伤
蒴果裂开，一些人的名字纷纷落下

*05*

我从出生以前就开始酝酿死亡
用真实虚构，行为可疑
体内的河岸争相沉没

写诗有什么意义
你该来看看，多年的执拗
让我的一只眼睛已熄灭
下午三点谈起新的战争
超市货架像军队般整齐
秘密的圆周之外
我推开一扇，不通向
任何地方
的门

*06*

阴天有阴天的灵魂
你该来看看我
一盏活着的吊扇，灰色时期
常见的大雾和砖墙

在阴影里涂写
浓烟来不及打结
我，更皱了
在另一个
并不存在的房间

这是一位曾经生活在开远的诗人写的诗歌，她写到了滇南的铁轨，写出了一位写作者在小城市生活的虚妄与孤独，写出了生命深处的某种荒凉与哀伤，每次读到它，总能让我眼前浮现出一幅幅难以名状而又真实可感的画面：湿漉漉的阳台、锈蚀的铁轨、空荡荡的房间、雨中的棕榈……这些破碎的意象模棱两可地分离又在不经意间获得组装，似是而非的开远城飘忽在作者的语言中，像极了一幅被反复修改的印象派油画。

我是个作家，又在作协工作，去过很多地方，总是会习惯性地对当地的写作状况作个大致的梳理，到开远也不例外，只是结果或多或少让我有些遗憾。因为今天的开远，我似乎再也喊不出一位诗人或作家的名字，我在想，究竟是我孤陋寡闻还是开远真就无人写作了。如果是前者，那是我的工作做得不到位，如果是后者，那真是不应该啊。开远在清朝以前，可曾是留下过杨升庵、王廷表、徐霞客、尹壮图等文坛巨擘足迹或身影的土地啊，后来到了抗战时期，还曾给朱自清、闻一多、巴金、冰心、冯至、萧乾等现代文学的奠基人提供过庇护。建国初期，开远军营里涌现了冯牧、白桦、彭荆风高洪波张昆华等著名的军旅作家，获得过众多古今文人精神熏陶或浸润的土地，文脉不可能就这样断了啊？直到遇到了曹定安，彻底改变了我这个想法。开远的文脉没有断，开远的作家们也没有消逝，他们只是退出现代社会过于泛滥的浮躁与喧嚣，在更为安静的环境隐秘地写作而已，或者是他们的写作被另一种更具有社会性实际意义的工作遮蔽了，比如曹定安，估计连他都没有意识到自己其实是一位很出色的作家。

曹定安（前者）

曹定安，1950年生于开远，搞过文艺，当过知青，从事过文物研究工作，曾任开远市文物管理所所长，编著有《开远史话》《开远漫话》《开远往事》《开远碑刻》《开远地名漫谈》《开远文物志》《开远民族民间传说故事》等。或许是与其工作原因有关，从曹定安编著的这些书籍名字可以看出，他写的不是严格意义上的文学作品，更多是开远的人文历史，带有很强的田野调查性，但不论是谁，只要认真读了曹定安编著的这些书，即便没有到过开远，也能找到置身其境的感觉。曹定安醉心于讲述开远的故事，通过文物、传说、历史、碑刻、民族文化等，他甚至不辞辛劳，辗转于山川河谷、街头巷尾寻找开远各个时期的历史见证人，将他们的讲述整理成文，或装订成册，为开远人提供了一手的历史资料，让阿迷之“迷”获得揭示，让开远无论是纵向还是横向的历史都能与今天无缝对接，让更多的人知道他们的来路，让虚无的时间获得一种“身体”。真是功德无量啊，他数十年如一日，不厌其烦地编著，乐此不疲地叙述，不为名也不为利，其写作行为纯粹得犹如圣徒在修行。他的写作，用词或生僻，或朴白，偶尔插入一些本地方言俚语，有些倍感亲切，他整个人的叙述节奏，就像他的行为举止一样，总是缓慢的，这种缓慢和年龄无关，是一个人内心的严肃与谨慎，是一种沉稳与实靠。曹定安先生已经退休十多年，初次见他是与写作本书有关，当地宣传部门请他来为我提供一些写作上的素材。曹老先生年逾古稀，身形枯瘦，话不多，静静坐在我们中间，有一份智者该有的沉默，也有一份岁月历练出来的冷静，有人请他发言他才开口。他用开远方言给我讲述，加之曹定安先生年事已高，声音含混，有些地方我听得比较模糊，但又不忍打断他，幸好他事先给我带来了他编著的书，他说的讲的那些内容，后来我都在他的书中找到了。

说起曹定安，不得不讲一件事情，早在1987年，他就萌发了“造座阿迷县城”模型的想法，估计绝大部分人，看到的县城模型，是在20多年以后的房地产售楼中心大厅里。曹定安的想法很超前，之所以想造阿迷县城的模型，原因之一是他觉得开远建设太快，古城正在一天天被拆除，他想给后辈人留下乡愁，让他们通过阿迷古城的模型回到历史的记忆中，找到生命的归途。原因之二是对开远“一点两比”的参悟。一点是指历史的耦合点，即在民国二十年（1931年）阿迷县更名为开远县前夕，阿迷县城内和城外有了明显区别，城内长期沿袭明清两代传统，一直处于封建社会小农经济形态，而自滇越铁路开通以后，原本人迹罕至的城外落云庄这块荒郊野地，尽然“商业渐增繁茂”“货物充牣俨然一商埠矣”，资本主义经济形态在落云庄萌芽并发展起来了，一墙之隔，两种不同的经济模式在阿迷同时呈现，在历史的耦合点上成就了中国经济发展史上的一个奇观。两比是不同经济形态下的开远城市发展对比和同一经济形态下的开远城市发展对比。通过对比引发西方工业文明与爱国主义热情的交融与交流，见证明清五百年来开远城市突破围墙的第一次向外扩展，显示传统文化现代适应鲜明特征，主动注入开远“四面伸开，联结广远”的人文精神、现代规划理念，展现现代城市文化提质加速特征，所造之城取名为“民国阿迷县城模型”。为了将“造城”设想变为现实，曹定安苦苦求索，几经辗转，终于在热心人的引荐之下，认识了有着“开远通”之称的开远市税务局退休职工余辑老先生（已逝），并获得他的鼎力相助，解决了人力和财力等问题。曹定安访问街坊，拉着皮尺测量街道，参与绘制施工图，寻找“造城”材料等，最终历时八年，终于造出“阿迷县城”雏形，古城四城门、城墙所圈围的四街九巷、衙署寺院宗祠等主要建筑，以及城周东至东寺坡、南至南门外、西止城河田、北至落云庄新区概貌，皆可一览，包括宏仁医院、安南小学和栅子门等历史原貌都被准确呈现，已经模糊的荣和茶楼、东门城楼和法国人红顶黄墙的车站等也被再次还原出来。八年时间，造一座城的模型，于名于利皆无关，那是什么力量支撑着曹定安呢？仅仅只是为了留住乡愁和“一点两比”吗？不，突然想起艾青这句诗，“为什么我的眼里常含泪水？/因为我对这土地爱得深沉……”对，唯有源自他对开远深入骨髓的热爱，才能将“造城”这件事情执念般地进行到底。

曹定安、黄庆等就是开远这片土地上的一群赤子，一个个谦卑的赶路人，他们“活着就是为了讲述”（加西亚·马尔克斯），杜鹃啼血般，而他们讲述就是为了向世人倾诉对开远的爱，即便“我的爱狭隘、偏执，像针尖上的蜂蜜/假如有一天我再不能继续下去/我会只爱我的亲人——这逐渐缩小的过程/耗尽了我的青春和悲悯”（选自雷平阳诗歌《亲人》）。

长虹桥

# 二十四

所有的桥，都是道路在做梦。它们怀揣铁索、石头，在空中练习飞翔。一些桥，悬着身体，将此岸延伸出去的部分交给彼岸，在山谷里，在河流之上，在两面孤零零的悬崖间；一些桥，伫立风雨，在经年的踩踏中坚守，毫不动摇；一些桥摇摇欲坠，青苔爬上栏杆，石墩坠入河底；一些桥断掉了，无法再搭建，自己成为自己的尽头，自己断了自己的退路；一些桥，注定要被包围，在一部南斯拉夫的电影中被炸掉（“可惜啊，真是一座好桥。”电影《桥》经典台词），一些桥，过河之后，就被拆了；一些桥，浮现在汉语中，“羊肠白道穿云出，雁齿红桥亚水低。”（明·许德溥）……

去小龙潭的路上，经过田房村，有人指了指说，“那就是长虹桥。”长虹桥，全国最大的单孔桥，记得以前学过的语文课本里有一篇著名桥梁专家茅以升写的《中国石拱桥》，他在主要介绍赵州桥的同时，也顺带提到了开远的长虹桥，“1961年，云南省建成了一座世界最长的独拱石桥，名叫‘长虹大桥’”，可见长虹桥在中国的桥梁建筑史上有着比较重要的位置。我们把车停在路边，向桥走去，临近桥身时，桥头两边的一副对联让我驻足良久——“河水让路，高山低头”，这样的豪迈与气势，明显带着那个时代特有的抒情。很多时候，我们走在桥上，却看不见桥。桥要远观，才能睹其全貌。沿着蜿蜒的小路下到江边，抬头仰望，只见巨石堆砌如长虹横空，一座雄伟壮丽的大桥飞架在南盘江上，它的单孔石拱犹如一张巨大的嘴，里面含着一块蓝莹莹的天。桥下江水缓慢，从远处淌来，有些经过乱石，掀起无数浪花，而在江岸两侧，那些水草葳蕤的地方，阳光照耀，水面雾岚氤氲缥缈，加深了山谷的幽静。江水中密密麻麻的突出水面的木桩，数十年过去了，历经江水冲刷、浸泡，也没有腐烂。这些木桩是当年修桥的时候搭建架子所用的，它让人不由地想起，1960年5月，开远逐渐成为云南工业重镇，交通运输压力剧增，当时南盘江桥上的铁索桥已经无法适应交通需要，急需重新修建一座桥。开始修建长虹桥时，技术条件很落后，修建完全是人工操作，在一次桥梁建筑事故中，有13名建筑工人丧生，为了纪念他们，人们将他们埋葬于长虹桥畔的山坡上。1961年9月，经过一年半的修建，长虹桥竣工通车。当地政府在桥的两端，设置了守桥的岗亭，常年由武警部队驻守，可见当时这座桥作为交通咽喉的重要性。如今，60多年过去了，长虹桥始终支撑着南北经济大动脉，桥上的石头经历多年风吹雨打，越来越显现出岁月的痕迹，但并没有对长虹桥的坚固性造成威胁。据同行者介绍，1988年，一件重250吨的货物需要从桥上通过，对于大桥本身能否承载，当时人们都没有把握，后请教了设计师，他经过精确的分析后很有把握地说，可以通过。最后这件货物从已经有30年历史的长虹桥上缓缓通过，长虹桥没有受到任何损坏。

说到桥，滇越铁路上有一座是无论如何也绕不过去的桥，虽然此桥不在开远地域范围内，但若没有这座桥，穿越开远的滇越铁路便不复存在。它就是世界桥梁建筑史上的奇迹，与巴拿马运河、苏伊士运河统称为世界三大奇迹的工程，是中国范围内除赵州桥外目前被列入《世界名桥史》的唯一桥梁——人字桥。人字桥位于云南省红河哈尼族彝族自治州屏边苗族自治县和平乡五家寨四岔河大峡谷上，波度箐站与倮姑站之间，又名五家寨铁路桥，“人字桥”是因其外形似叉开双腿的人而得名，又因其造型如弓弩，还被称为“弓弩手桥”，是连接整条滇越铁路的重要部分，也是最具标志性、难度最大的工程，从 1907 年开始修建，1908 年竣工完成，距离现在已逾百年。人字桥飞架在两座壁立千仞的悬崖中间，长度约 67.15 米，宽度约 4.2 米，桥面离谷底深泓线高 102 米，让这座桥享誉世界的原因，除了它在当时的修建难度外，那就是修建此桥背后那些可歌可泣的故事了。按照中国当时的建筑技术，是很难在两座悬崖间搭建起这种又重又长的钢铁桥梁的。所以法国公司在经历若干次的修建失败后，用相机将当地的地理地势地形等拍下来，花重金在法国各大报纸上刊登招标信息，最后才从众多方案中选中刚从大学毕业的设计师保罗·波登根据应用力学原理设计出的方案，并由其公司承建，建筑材料全部由法国铸造后运到中国安装。整座桥全部由钢板、钢槽、角钢、铆钉连接成型，建设期间也没用支撑骨架的钢梁，在悬崖山腰处修建，这里山势陡峭、气候恶劣，桥下便是昼夜奔腾的四岔河，建筑难度可想而知。

人字桥

去年秋天，我和几位作家到五家寨采风。从屏边县城出发的时候，天空阴沉，汽车才冲出薄雾又转进了山林，才跑出一个弯道又拐入另一道曲折，世界似乎正在浓缩。大约跑了一个多小时才到五家寨，只见这莽莽苍苍的大山里，零星散落着几户人家，大多数为苗族住户，他们一个个安静、内敛，可当芦笙一响，每个人又都能歌善舞。站在苗族寨子里，可见两座高山之间，一桥飞来，如云腾空，当地的苗族朋友笑着介绍说，“那就是人字桥，现在每年都有很多游客来参观，已经成为网红打卡地了。”这位朋友领着我们，从一条蜿蜒崎岖的小道往山崖爬上去，穿过几个隧道，终于来到人字桥上。踩着这坚固的人字桥，看着一百多米下的山谷，我感到背脊发凉，一种高空带来的战栗感从脚底往心里钻，它让我不由地再次想起，建桥时虽然设计图纸、材料全部由法国公司提供，但桥梁的修建主要还是由中国工人来负责实施，由于当时条件限制，许多大型的钢材只能凭借人力送到山上，中国劳工们肩挑背磨，千辛万苦，忍饥挨饿，克服重重困难才完成运输任务。特别是要用两根铁链作为桥梁建设先导索，这两根铁链每根长 355 米，加起来重量达 5 吨多，200 多名劳工硬是勒紧裤带，历时 3 天，赤手空拳将其从山脚扛到了施工地点。在隧道开凿时，由于悬崖太高，没有脚手架，施工人员只能将自己绑起来悬挂在空中，安置炸药在悬崖两侧进行爆破，最后再用人工将其凿通。隧道挖通后，在出口安装桥台，方便放置设备，等把所有铸钢材料制作成功后，通过两边工作台，再把这些材料进行拼接，最后对桥面进行铺设和轨道安装，在桥体合拢上施工人员需要再用绳子拴住自己的身体，用锤子来对铆钉进行固定。如此艰巨的工程，全部靠人力完成，如果不是被生活逼到绝境，恐怕是不会有人选择到五家寨来建桥的。据资料记载，因人字桥建设难度巨大，建设任务艰巨，建桥期间牺牲了近800名中国劳工，有人算了一下，平均每米铁路修建就牺牲了12名中国劳工。所以，站在桥上，抚摸着冰冷的钢铁，看着幽深的隧道，看着两壁的悬崖，看着山脚下宁静的五家寨，以及远去的四岔河，我给人字桥重新下了个定义，“人字桥，就是用一条一条的人命堆积而成的桥。”我甚至觉得，火车从这里经过，每一次呼啸，都是那八百劳工在另一个世界的哀嚎与尖叫。

就是这样一些桥，搭建起了我们的人间；就是这样一些桥，搭建在生与死之间；就是这样一些桥，搭建在历史绝处逢生的地方；就是这样一些桥，搭建在过去、现在与未来；就是这样一些桥，四面伸开，连接广远。桥的意志是抵达、连接，换一种方式在无限辽远的延伸中——成为大道。

# 二十五

空气有些混浊，阳光穿过薄雾，在广袤的黑土地上铺开，散乱的泥土间，不时会有几粒光斑晃动着。从观景台上放眼望去，前面巨大的土坑，成漩涡状往下纵深，挖机、铲车、货车躲在黯淡的色块里，如蚂蚁般作业，有时需要仔细辨认，才能将渺小的人影从远处的沙粒中分辨出来。大地沉默，泥土被一层层剥离，工业社会的喧嚣无孔不入，正在将一片坚固的煤层从中破开，给予与索取，数十年来，一直在大地之下上演着。这就是著名的小龙潭，是开远市一个集交通、电力、煤炭为一体的能源重镇。眺望过程中，我的目光也在不停搜索着这块土地，我在内心疑问，所谓“龙潭”，今何在？

布沼坝矿工作场景

在滇越铁路开通以前，漫长的农耕文明时代，小龙潭的人们日出而作日落而息，享受着蕞尔小国里的宁静与自由。相传很久以前，有个道士来到小龙潭，见黑土地沃壤绵延却人烟荒芜，究其原因，乃是缺水，遂放了99条黄鳝，由其四处打洞寻找水源，因此地上很快便有了99眼龙潭，这些龙潭清水四溢，汇聚成河，最终注入南盘江。这是小龙潭名称的来历，带有强烈的神话色彩，但从中可以得知，小龙潭曾是个山清水秀、水草丰茂的诗意之地，只不过这样的景象已经很难再看见了，只保留在部分老人的记忆中。小龙潭盛产煤矿，最初外面的人对此知之甚少，本地人也只是将其用于烧火煮饭、烧石灰、烧瓦罐等。可自滇越铁路和个碧石寸轨通车后，开远的工业发展起来了，小龙潭的煤才被大规模开采，从而辐射周边地区，且用途也越来越广，包括运输、发电、办厂等。据当地老百姓介绍，煤矿的弃土场下方都建有水泥防洪沟，这样就断了下部许多龙潭的水源。同时，煤矿为了防止被淹，在底部都设有大型抽水泵，源源不断地把水抽走，底下的含水层没有了水，龙潭也就慢慢干了，传说中的99眼龙潭，现在仅有十多眼了。

小龙潭煤矿煤坑之一

也就是这样一个地方，曾在抗日战争时期名声大噪。1940年1月5日，日机突然轰炸小龙潭大桥，大桥的钢梁被炸断坠入江中，北桥墩也被炸毁。之后日军又对小龙潭大桥先后实施了4次轰炸，最多一次出动了27架战机。为确保这条国际援助线的通畅，时任云南省政府主席的龙云命令部队布防滇越铁路沿线。小龙潭从战火中走出来后，继续发挥自身资源优势，为早期新中国建设持续不断地贡献着边疆力量。开远工业发展依赖小龙潭煤矿，而开远的工业化又提升了小龙潭的知名度。所以在工业文明这个领域里，开远和小龙潭是分不开的，是绑在一起的，是互为彼此的。比如，1953年由苏联援建的开远电厂，是云南第一座半自动化中型电厂，它奠定了开远作为云南工业重镇的地位，其所有用煤皆来自小龙潭；往后的巡检司电厂、小龙潭电厂、大唐红河发电公司等都是开远小龙潭的用煤大户，为此，小龙潭矿务局的年产量曾多年保持在1000万吨以上。

如此说来，小龙潭可以称得上是开远工业文明的培育基地。但仅仅这样定位小龙潭，显然将其说“小”了。1956年的一次考古，已让小龙潭的名气蜚声中外。当时人们在采煤，不经意间发现了后来被考古学家命名为“腊玛古猿”的化石，腊玛古猿是人类分化出来的第一阶段，被恩格斯称为“正在形成的人”。除了古猿人化石，考古学家还在小龙潭先后发现了小河

滚滚乌金（皮带运输）

小龙潭煤矿煤坑之二

猪、麂、四棱齿象等动物化石。小龙潭古猿化石的发现，让已知的“北京人”时间上溯了一千多万年。因此，小龙潭成为了中国第一个古猿化石产地，从这个角度说，小龙潭是可以称得上人类文明的培育基地的。

一直以来，还有一个让小龙潭声名在外的因素，那就是小龙潭监狱。它始建于 1953 年，是云南省关押改造罪犯的重要场所。当地朋友介绍，这里关押着 8000 名重刑犯，为整个云南的社会治安顶住最大的压力。把监狱、能源、工业、煤矿等词条集中在一起，在网上一搜，很快就会跳出许多墨西哥边境上的电影镜头。远古与现代、

囚禁与开放、富饶与荒凉，金钱与欲望，它虽然处在开远西北部，却与现代文明有着千丝万缕的关系。

随着开远的工业区逐渐迁往小龙潭，不难想象未来这个地方会变成什么样。我们的车穿过矿区，坑洼不平的道路上溅起一地灰尘，周围的山崖或陡坡上，默默地矗立着一些废弃的房子或工厂，巨大的煤炭输送带穿过草山，白茅摇曳在残破的围墙上，世界已经老掉了一回，正在蓄势新的力量，准备重新活过来，这一次，它选择以小龙潭作为中心。

爆破拆除

黄昏

# 二十六

人潮退尽，喧嚣冷却，静谧的夜空下，南正街流光溢彩。万物尚未熄灭身上的光芒，在它们的照耀下，大街寂寞，孤影踉跄，我晃荡着从酒吧出来，世界何时偷梁换柱，酒精挟持我，恍惚中完成了一次穿越。

我似乎回到了阿迷古城中，在青石满地的十字街上，漫不经心地翻开泛黄的开远书卷：分司巷延伸在阿迷历史深处，明朝改土归流后，朝廷派遣流官设立衙署治理阿迷州，与当地土官分治，以中央巷子为界，分南北辖区，这条界巷便因此得名；大巷依然弯弯曲曲、高低起伏，人烟稠密，岔道众多，巷子里古色古香的清代建筑已不复存在，只能从残垣败瓦的痕迹中去寻找昔日的气派了；而在南正街147号大院内，古老的阿迷在经年的岁月中悄然蛰居于此，清代重建的阿迷州衙遗址坐北朝南，158平方米的建筑面积上，面阔五间，进深二间，土木结构单层硬山顶建筑，为明清时期阿迷州衙建筑之一，民国时期继续作为开远县政府，1950年1月18日开远解放时，为开远县政府所在地，1956年开远县人民委员会开始建设后，老县衙曾作为看守所和干部住宿用房，历经多次拆建，至今仅有后堂保存下来；开远县人民委员会旧址占地面积926平方米，为砖木结构二层楼，内设办公室40间，沿中央走廊呈对称形状，此楼建设时正值中苏友好时期，建筑风格上有着鲜明的苏联文化特征，建成之后一直作为开远的行政办公所在地，开远很多机构都曾在此办公；开远县委旧址始建于 1950 年代初，建筑面积 608 平方米，“工”字布局，砖墙瓦顶，仿苏式二层楼房，是开远解放后建立的第一个政权机构，1987 年开远市委迁新址后，县委旧址成为开远市政协的办公处，并在 1999 年市政协的装修中，将原本的“工”字形布局变成“山”字形，青砖墙面灰瓦瓦顶风格也被改为红墙彩钢瓦欧式风格；开远县人民礼堂旧址始建于 1953 年，砖木结构，坐西向东，建筑面积 919 平方米，东西长 52.5 米，南北宽 17.51 米，内设 800 个座位。自 1955 年起，开远在人民礼堂设立了“开远人民电影院”，

老街旧楼

这里便成为开远重要会议、文艺演出、电影放映、报告讲座中心；开远广播站旧址建筑面积 236 平方米，呈“申”字形布局，青砖灰瓦风格，现为开远保存较为完整、建筑结构时代特征鲜明的两个现代早期文化设施之一；南正街 105 号民居坐西朝东，建筑面积 212 平方米，土木结构硬山顶、走马转角楼青瓦瓦顶二层四合院，组合结构为正房三间、两耳三间、东过厅两间，院内天井为青砖铺就，现为开远城中保存得较为完整的传统民居四合院之一；除此之外，阿迷县立中学旧址也在南正街上，由九天阁、牌坊式大门和清代民居建筑群组成。九天阁始建于清雍正四年（1726 年），后毁

阿迷县立中学牌坊

九天阁

于战乱，光绪二十年（1894 年）重建。民国七年（1918 年），阿迷县劝学所所长周泽南借文昌宫创办阿迷县立中学，翻修校舍，在东南面辟出一块操场，建三角顶西洋风格砖石结构牌坊，在西南面建具有土洋结合风格的牌坊大门，1985 年文昌宫大部分建筑被拆除，如今，只留下九天阁和牌坊大门屹立在南正街，撑起一个时代的封面。每个古老的城市，都有老井，汉语中“市井”一词由来已久，古代指街市，最早出现于《管子·小匡》“处商必就市井”一句中，虽然我们可从唐人尹

小巷老屋古井

知章作的注“立市必四方，若造井之制，故曰市井”得知，这里的“井”并非水井的意思，它关联商、周时期的井田制，指最初人们是仿照“井”字的样子设市，但是仍然改变不了水井在古代城市中的位置，似乎只有它的幽深，才能藏得下那些久远的老故事，开远也不例外，在大巷12号附20号、大巷50号各有一口老井，造型敦厚，石栏古朴，那老井，就是时间的嘴唇，它用一泓清泉，慰藉着井沿上的众生……而这一切，终将成为旧时代的遗迹。2014年，随着开远棚户区改造工作的全面推进，南正街上那些低矮破败的屋檐，那些错乱无序的建筑，那些摇摇欲坠的梁柱顷刻间被扫出了新的时代，一片崭新的街区在其原址上拔地而起。至此，乡愁在记忆中过滤着昔日的每一个镜头，时间因此获得回味，在大部分开远人的生命中有了缓慢而又具体的形态。

我依然穿行在南正街上，恍恍惚惚，我在那儿遇到了另一个自己，他站在空荡荡的站台上，等待黎明的火车。若干次，我们看向轨道的尽头，又望向彼此，很难确定火车会不会带回我们要等的人。我走过来，他走过去，我们忽而合一，又再次分离，我们站在“开远站”路牌的两侧，他接近“开”，我靠近“远”。忽然一阵凉意袭来，冷风像空气中突然而至的透明火车，它将穿越出去的那个我送了回来，我才清楚地意识到，此时此刻，我的身体和灵魂找到了彼此，在南正街一条民国风情的街道上，它旁边有座历史陈列馆，是按照滇越铁路开远站原貌建造的，它让我觉得，我也是这人间陈列的展品——肉做的火车，曾经满载爱与悲悯，穿越人世的山海……

土坯巷

老南正街

南正街滇越铁路历史文化陈列馆

南正街新貌

## 二十七

如今，开远南站的建成并投入使用，标志着开远交通进入了一个新时代，而随着弥蒙高铁的开通，开远至昆明时间已压缩至 1 小时左右，滇越铁路慢慢隐入尘烟，如时间蜕下的皮，散落在滇南的山林中，火车的呼啸终将成为上一个时代的尾声，在历史的天空下缥缈殆尽。紧接着，它的螺丝锈蚀，铁轨松动，隧道虚置，道砟石被荒草掀开、掩埋，小站坍塌为废墟，一段一段的枕木腐烂、消失，世界逐渐恢复成大道无形的样子。而因滇越铁路发展起来的开远，也会另谋出路，表面上看，它失去了滇越铁路，但实际上，这只是一条涟漪散入宽阔的水面上，一条铁路隐没在无边的大道中。

弥蒙高铁开远段